# E EU NÃO SOU UMA MULHER?

*E eu não sou uma mulher?*

A NARRATIVA DE
SOJOURNER TRUTH

**Bas-bleu** ("meias azuis", em tradução livre): antiga expressão pejorativa para desdenhar de mulheres escritoras, que ousassem expressar suas ideias e contar suas histórias em um ambiente dominado pelos homens.

Com a COLEÇÃO MEIA-AZUL, voltada para narrativas de mulheres, queremos reconhecer e ampliar a voz dessas desbravadoras.

# SUMÁRIO

11. A verdade que peregrina entre nós,
    *Eliana Alves Cruz*
15. Apresentação dos editores
23. "E eu não sou uma mulher?", o discurso
33. Prefácio da edição original

41. *Nascimento e filiação*
43. *Acomodações*
45. *Seus irmãos e irmãs*
47. *Sua instrução religiosa*
51. *O leilão*
55. *Morte de Mau-mau Bett*
57. *Últimos dias de Bomefree*
61. *Morte de Bomefree*
65. *Início das provações na vida de Isabella*
69. *As provações continuam*
73. *Sua posição para com os novos senhores*
81. *O casamento de Isabella*
83. *Isabella como mãe*

87. *Promessas do proprietário de escravos*
91. *A fuga*
95. *A venda ilegal de seu filho*
99. *É sempre escuro antes do raiar do sol*
111. *Morte da senhora Eliza Fowler*
117. *A experiência religiosa de Isabella*
135. *Novas provações*
143. *Encontrando um irmão e uma irmã*
147. *Miscelânea*
155. *A impostura de Matthias*
167. *Jejum*
169. *O que a fez deixar a cidade*
177. *As consequências de se recusar a um viajante uma noite de hospedagem*
183. *Alguns de seus pontos de vista e reflexões*
187. *As doutrinas do segundo advento*
195. *Outra reunião campal*
207. *O último encontro com seu senhor*

*211.* Cronologia

# A VERDADE QUE PEREGRINA ENTRE NÓS

*Eliana Alves Cruz*

As razões que nos levam hoje, em pleno século 21, a viajar intensamente pelas estradas trilhadas por Sojourner Truth são as mesmas que empurraram esta personagem ímpar da história negra do norte da América a erguer sua voz, no longínquo e hostil século 19: Um desejo férreo por liberdade e reconhecimento de humanidades.

Após abandonar os seguidos nomes próprios dados pelos que a escravizaram, ela opta por uma libertação maior que o simples livramento dos domínios de supostos senhores. Ela decide elevar a voz por diferentes lugares, não fincando raízes e tocando as mentes e corações que por ela passassem. Assumiu a nova identidade de "Verdade Peregrina".

Passados quase um século e meio de sua morte, a tarefa de mexer com as verdades estabelecidas parece não terminar, visto que Sojourner reverbera em volume cada vez mais alto um mundo que passou por abolições que, se não falsas, foram no mínimo incompletas, pois saíram da escravização oficial para a oficiosa das condições análogas à de cativeiro, baixos salários, nenhum direito ao descanso e acesso à moradia ou sistema de saúde.

O sistema judiciário, que foi ousadamente acessado e vencido por uma Sojourner iletrada, mas plenamente ciente do direito a viver ao lado dos seus é o mesmo que nos fala de liberdade conquistada, mas não impede que botas esmaguem pescoços de pessoas negras em uma das nações mais ricas do planeta em 2020. Desta forma, por trás do manto da emancipação obtida com lutas, revoltas e morte, está a ideia de que todos são iguais perante de leis que não garantem e permanecem não garantindo equidade.

Os questionamentos da pessoa que sofreu apagamentos, violências e humilhações sem conta até tomar as rédeas da própria existência, parando pelo caminho para proferir discursos cheios de paixão e amor pela vida, chegam a cansados ouvidos contemporâneos. Tímpanos esgotados por retóricas e narrativas que não frutificam em ações capazes de transformar realidades, que ainda separam umas e outras mulheres, pois, nestes séculos decorridos algumas seguem sendo menos mulheres que outras e, consequentemente, menos humanas.

A pergunta "E eu não sou uma mulher?" é uma formulação que encerra questões profundas e, para além do óbvio tratamento excludente que recebem as mulheres negras, o discurso completo e a trajetória da personagem que o criou trazem interseccionalidades, demandas que se cruzam e se retroalimentam. A fala de

Sojourner constrange a plateia oitocentista e segue intimidando leitores do alto de todas as experiências humanas somadas nestas primeiras décadas do século 21.

A mulher negra está mais que nunca na luta pelo direito à igualdade no mundo do trabalho, nos acessos à educação formal, nos relacionamentos afetivos, na presença nos espaços de poder das sociedades e em todas as questões que tangem a plenitude da dignidade humana. Essa mulher, ainda que sofra os esmagamentos por estar na base da pirâmide da economia planetária, ousa como Truth a deixar os nomes e definições que a ela foram impostos e tomar para si o protagonismo da própria história.

Enquanto Truth falava corajosamente para audiências nem sempre amigáveis, outra mulher, Harriet Tubman, auxiliava centenas a escapar do cativeiro pela famosa *Underground Railroad* ("ferrovia subterrânea"). As impactantes palavras de Sojourner, na Convenção dos Direitos da Mulher, em Akron, em 1851 estão 112 anos distantes do célebre discurso "I have a dream" ("tenho um sonho" ), do Pastor Martin Luther King, nos degraus do Memorial Lincoln, na capital Washington, em 1963. Exemplos que dialogam nitidamente com a ideia de continuidade resumida na frase, tão comumente repetida hoje pela comunidade negra no Brasil, "nossos passos vêm de longe".

Sojourner Truth, assim como os exemplos de ativistas citados, era consciente de que suas lutas iriam muito além dela ou de seu tempo de vida. A fagulha de esperança que levou aquela mulher ex-escravizada e autodidata a não temer soltar seu grito pelas veredas e cidades norte americanas é o motor que nos impele adiante, na batalha atual para trocar o ponto de interrogação pela exclamação e definitivamente afirmar: "Eu sou uma mulher!".

E essa verdade não cessará de peregrinar entre nós.

Eliana Alves Cruz é autora dos romances *Água de barrela*, *O crime do Cais do Valongo* e *Nada digo de ti, que em ti não veja*.

# Apresentação dos editores

Era para o rosto de Sojourner Truth estar estampado nas notas de vinte dólares. Em 2017, um projeto de lei definiu que uma mulher negra substituiria o populista Andrew Jackson nas cédulas, um reconhecimento, com dois séculos de atraso, às pessoas que, mesmo nos mais baixos degraus da pirâmide de poder, haviam contribuído para concretizar o mítico sonho de igualdade e liberdade. Porque se o documento inaugural dos Estados Unidos proclamava, em 1776, que "todos os homens nascem iguais e a liberdade lhes é um direito inalienável", foi preciso muito tempo, e até uma guerra, para que por lá mulheres e homens negros começassem a usufruir dessa tal igualdade e liberdade que, por sinal, continua, em parte, apenas "no papel".

Mas se houve avanços em direção à igualdade e à liberdade, muito se deve creditar a mulheres negras, especialmente as escravizadas. Sojourner Truth foi uma das mulheres escolhidas como efígie na nota de vinte dólares. Porém em 2017, mesmo ano da aprovação do projeto de lei, um certo Donald Trump venceu as eleições, fazendo o país retroceder moralmente algumas décadas, e o reconhecimento a essas guerreiras foi novamente adiado.

"Sojourner Truth" significa "Verdade Peregrina". Esse o nome que ela escolheu para si, relegando os outros que lhe foram atribuídos, seus nomes de escravizada. Quando nasceu, a chamaram de "Isabella" e seu sobrenome, como era o costume, variava conforme quem fosse seu dono, o senhor de escravos. Assim, a cada novo "senhor", um novo sobrenome, sendo seu último nome de cativa "Isabella Van Wagener". O senhor Van Wagener, sejamos justos, estava mais para um amigo que um proprietário: ele a "comprou" do seu último "dono" apenas para que ela usufruísse da liberdade um ano antes que o direito de um ser humano "possuir" outro fosse completamente abolido no estado de Nova York, depois de um longo processo. (Não tão longo, vagaroso e insuficiente como foi o processo de abolição que ocorreu no Brasil, merecidamente citado neste livro como um lugar "amaldiçoado pela escravidão".)

Isabella/Sojourner teria nascido em 1797, por isso ficou fora dos benefícios da primeira lei que, em 1799, cautelosamente começava a abolir a escravidão, determinando que os escravos que nascessem a partir daquele ano teriam sua liberdade concedida quando atingissem os vinte e um anos de idade. Em 1817, ela também ficou de fora de uma nova disposição legal que emanciparia os escravizados nascidos antes de 1799... mas só em 1827. (Note que essas datas só valem para o progressista estado de Nova York; a abolição em todos os Estados Unidos, no papel, só viria depois da Guerra Civil, em 1865, e os direitos dos negros só viraram lei, de fato, depois dos movimentos dos direitos civis, um século mais tarde.) Em 1825, seu "gentil" penúltimo senhor prometeu-lhe adiantar a liberdade em um ano, se ela se mantivesse "fiel e dedicada". Ela assim o fez, mas ele não cumpriu sua palavra, alegando que uma doença afetara sua produtividade. Isabella, sempre ciosa da honestidade, fiou quinhentos quilos de algodão e assim considerou seu trabalho de escravizada mais que quitado, "alforriando-se" por conta própria e partindo com sua filha pequena. Faltava apenas um ano para ser livre pela lei, mas seu último "proprietário" ainda sentiu-se no direito de receber uma indenização pelo "prejuízo" de libertá-la.

Sem dinheiro, sem lar e analfabeta, Sojourner só contava com sua dignidade inabalável. Assim que tornou-se "cidadã" (pelo menos no papel), Isabella/Sojourner tratou de recuperar seu filho de cinco anos, que havia sido vendido por seu antigo dono. Isso ainda seria considerado "legal" se o novo proprietário não tivesse levado o menino escravizado para o Alabama. No retrógrado sul dos Estados Unidos o menino não teria direito à liberdade aos vinte e um anos, como concedido pelo estado de Nova York, o que tornava a venda um crime. Mesmo sem ter conhecimento sobre seus direitos (ou ter dinheiro para exigi-los) Sojourner sabia o que era certo. Acabou abrindo um processo judicial e, graças a uma ferrenha determinação, foi a primeira mulher negra a derrotar um homem branco e senhor de escravos, na história da Justiça dos Estados Unidos.

Entre um emprego árduo e o seguinte, Isabella/ Sojourner desenvolveu uma religiosidade baseada nos rudimentos morais que a mãe lhe transmitira (antes que fosse vendida e separada da família, aos nove anos) e do que foi ouvindo pela cidade. Mesmo em um ambiente profundamente religioso como o da Nova Inglaterra, aos escravizados era vedada a prática da religião e mesmo os sacramentos lhes eram negados; no cativeiro, Isabella havia "casado" com outro escravizado, Robert, mas como esse arranjo não convinha ao senhor, a união foi desfeita (à base de chicotadas).

Seu crescimento espiritual, tão autêntico quanto original — uma vez que foi desenvolvido a partir da própria reflexão, quando adulta, sem a influência dos dogmas, mas com auxílio de algumas instituições realmente cristãs, como a dos quakers —, acabou lhe conferindo a fama de oradora e ela chegou a fazer palestras/sermões nos mais diferentes ambientes, até mesmo em um "acampamento religioso" de brancos adventistas onde ela foi a única a enfrentar, e acalmar, um bando de adolescentes arruaceiros. Em um desvio extremista, envolveu-se numa comunidade espiritual utópica no interior do estado, na companhia de seu patrão e de um autoproclamado "profeta". A "comunidade santa" acabou de maneira apocalíptica quando o tal profeta e a própria Isabella foram acusados de assassinato. Isabella, sempre ciosa do que é direito, processou quem a havia acusado e, mais uma vez, ganhou dos brancos no tribunal. Essa peripécia é contada *en passant* neste livro, talvez porque fosse bastante notória à época, ou mais provavelmente por mero constrangimento.

Leitoras e leitores de hoje podem inicialmente desconfiar do pendor místico e da carga religiosa em Sojourner, dado que as igrejas, principalmente as neopentecostais, vêm exercendo força contrária às causas feministas. É preciso considerar, no entanto, a época em que Sojourner viveu e o papel muitas vezes contestador e revolucionário das seitas e dos movimentos filosóficos que brotavam como cogumelos em meados do século 19, alguns deles instrumentais na luta abolicionista, como os quakers. Além deles, desfilarão neste livro, adventistas, shakers, transcendentalistas, temperancistas, milleritas, reformadores morais e associacionistas, para não falar de novo do trágico "profeta" Elias.

Quando se viu chegando a uma idade em que não mais "servia" para trabalhar (a dura lida de escravizada tendo apressado seu envelhecimento) e se deu conta de que não havia, a despeito de toda a sua luta, conseguido um lar par si, Isabella resolveu deixar tudo para trás, incluindo o trabalho de doméstica, a família, seu passado e seu nome de cativa, Isabella Van Wagener, para tornar-se Sojourner Truth, a "Verdade Peregrina". "Truth" porque se dedicaria a ministrar palestras e sermões a quem quisesse ouvir; "Sojourner" porque não se estabeleceria em cidade alguma, iria seguir para onde a estrada lhe levasse, dormindo onde a Providência indicasse e dependendo da bondade humana (o que lhe fez cair em algumas armadilhas, como na vez em que terminou em uma orgia de mendigos). Segundo Truth, ela queria mostrar-se aos outros, mais que uma sobrevivente, uma "prova viva da esperança".

Sojourner nunca chegou a aprender a ler ou escrever e sua biografia foi contada para sua vizinha Olive Gilbert, que a pôs no papel. Quando o livro foi publicado, em 1850, em uma edição modesta, sua história cativou multidões e ela passou a ser convidada para palestras cada vez maiores e mais frequentes, o que a permitiu ter finalmente um lar para chamar de seu. Sojourner passou a liderar e colaborar com os movimentos em favor dos escravizados recém-libertos e, para isso, chegou a reunir-se com os presidentes Lincoln e Grant.

*E eu não sou uma mulher?*

Em 1851, já estabelecida como oradora, Sojourner Truth foi participar, como espectadora, da Convenção dos Direitos da Mulher, em Ohio, em 1851. (Nos Estados Unidos, o voto feminino só foi legalizado em 1920, mas no sul mulheres negras só tiveram seus direitos completamente assegurados em 1965). Foi nessa convenção que ela pediu o microfone para dar uma réplica a alguns religiosos conservadores, que pontificavam sobre a "inferioridade" da mulher. Nesse momento, de improviso, ela proferiu o discurso "E eu não sou uma mulher?" (*Ain't I a Woman?*), uma fala curta e poderosa, que inspirou e impulsionou os movimentos pelo direito das mulheres e o combate ao racismo, além de tornar-se título da obra fundamental de bell hooks sobre o feminismo negro.

Se (ainda) não há uma nota de vinte dólares com o rosto de Sojourner Truth, não faltam homenagens a essa desbravadora. Ela já foi listada, pelo The Smithsonian

Institute, como um dos "100 norte-americanos mais relevantes" e foi a primeira pessoa afrodescendente a ter um busto no Congresso, em Washington. Mais importante que essas homenagens é o fato de que suas palavras e ideias continuam inspirando e estimulando a luta contra a opressão e, passados quase dois séculos ainda são, lamentavelmente, necessárias.

## "E EU NÃO SOU UMA MULHER?"

*O discurso*

O antológico discurso que Sojourner Truth proferiu de improviso na Convenção dos Direitos da Mulher, em Akron, em 1851 chegou até nós por meio de registros feitos por duas pessoas na plateia.

Marius Robinson, que era o secretário na Convenção, imprimiu o registro no mesmo ano, no *Anti-Slavery Bugle*, um periódico voltado para a causa negra. O texto que ficou historicamente consagrado, porém, foi o registrado pela presidente da convenção, a ativista dos direitos femininos Frances Dana Barker Gage, publicado doze anos depois. Sua versão tem algumas incongruências, como a referência aos "treze filhos" de Sojourner (que só menciona cinco em sua história), além de conferir a Sojourner, cuja língua natal era o holandês falado em Nova York, um estereotipado sotaque sulista. Não obstante, o registro de Frances Gage dá contexto e explica certas passagens desencontradas no texto de Robinson, como a analogia dos copos. É também somente nessa versão que aparece a frase título: "E eu não sou uma mulher?".

Eis as duas versões, junto com as introduções de Marius Robinson e Frances Gage, tal como foram publicadas.

### Versão registrada por Marius Robinson, em 1851

*Um dos discursos mais originais e interessantes da convenção foi o de Sojourner Truth, uma escrava alforriada. É impossível transferir para o papel ou reproduzir adequadamente a impressão e o efeito causados na plateia. Só podem apreciá-lo os que o viram em sua forma poderosa, sua alma entregue, seus gestos vibrantes, e os que a ouviram em seu tom forte e sincero. Ela se aproximou da plataforma, dirigiu-se à presidente com uma grande simplicidade: "posso dizer umas poucas palavras?". Ao receber uma resposta afirmativa, prosseguiu:*

Quero falar algumas palavras a respeito dessa questão. Sou [pelos] direitos das mulheres. Tenho tantos músculos quanto qualquer homem e posso fazer tanto trabalho quanto qualquer homem. Já arei e ceifei, e debulhei e cortei e capinei, e algum homem pode fazer mais que isso? Já ouvi muito falar que os sexos são iguais. Posso carregar tanto peso quanto qualquer homem, e comer o tanto quanto, se eu conseguir comida. Sou tão forte quanto qualquer homem que haja. E, sobre o intelecto, tudo o que eu posso dizer é que, se a mulher tem um copo e o homem tem uma jarra, porque é que ela não pode encher seu copo? Não precisam ter medo de nos dar nossos direitos, com receio de que a gente vá pegar demais — porque não conseguimos pegar mais que o que cabe em nosso copo. Os pobres dos homens parecem estar confusos, e não sabem o que fazer. Porque isso, meus filhos, se vocês têm os direitos da mulheres, deem a elas e vocês vão se sentir melhor. Vocês têm os seus direitos, e elas não vão causar tantos problemas. Eu não sei ler, mas sei ouvir. Ouvi a Bíblia e aprendi que Eva fez com que o homem pecasse. Bem, se foi a mulher que desarrumou o mundo, deem a ela a chance de consertá-lo de volta. A senhora falou a respeito de Jesus, sobre como Ele nunca tratou com desprezo ou afastou as mulheres, e ela tem razão. Quando Lázaro morreu, Maria e Marta vieram até Ele, com fé e amor, e lhe imploraram para que ressuscitasse seu irmão. E Jesus chorou e Lázaro ergueu-se. E como foi que Jesus veio a esse mundo? Por meio de Deus que o criou e da mulher que o teve. Homens, onde está a sua participação? Mas as mulheres estão chegando, louvado seja Deus, e alguns poucos homens estão chegando com elas. Porém o homem está ficando em um aperto, está entre a cruz e a caldeirinha.[1]

---

1   No original, "between a hawk and a buzzard", literalmente "entre um gavião e um abutre". A expressão idiomática significa estar forçado a tomar uma decisão entre dois extremos e aqui Sojourner sugere que os homens têm que tomar partido dos direitos das mulheres.

*Versão registrada por Frances Gage, em 1863*

As líderes do movimento tremeram ao ver a alta e esquelética mulher negra vestida de cinza e usando um turbante branco, encimado por uma rústica boina, marchando deliberadamente igreja adentro, caminhando pelo corredor com ares de rainha e sentando-se aos degraus do púlpito. Um zunzum de desaprovação foi ouvido em todo o recinto, e pôde-se ouvir "vai falar de abolição", "direitos das mulheres e niggers", "eu te falei", "vai lá, negra!"... E mais de uma vez, tremendo de medo, vieram me dizer, insistentemente: "não deixe que ela faça um discurso, senhora Gage. Isso vai nos arruinar. Todos os jornais vão misturar nossa causa com a abolição e os niggers, e vamos acabar denunciadas." Minha única resposta foi, "vamos ver o que vai acontecer".

O segundo dia de trabalhos já tinha esquentado. Ministros metodistas, batistas, episcopais, presbiterianos e universalistas vieram para ouvir e discutir as resoluções apresentadas. Um deles afirmou direitos e privilégios superiores para o homem, com base no "intelecto superior"; outro, por conta da "masculinidade de Cristo. Se Deus desejasse a igualdade das mulheres, Ele teria dado alguma indicação de sua vontade no nascimento, vida e morte do Salvador". Outro nos deu uma visão teológica do "pecado da nossa primeira mãe".

Havia muito poucas mulheres naqueles dias que ousavam "falar em reuniões" e os augustos mestres pareciam estar levando a melhor sobre nós, enquanto os garotos nas galerias e os que zombavam nos bancos estavam se divertindo com o que lhes parecia a descompostura dos "determinados".

*Algumas de nossas amigas mais sensíveis estavam a ponto de perder a dignidade, e o ambiente parecia as vésperas de uma tempestade. Foi quando, lentamente, de seu assento no canto, ergueu-se Sojourner Truth, que até então mal havia erguido a cabeça. "Não deixe que ela faça discurso!", meia dúzia veio falar ao meu ouvido. Ela moveu-se lentamente, com solenidade, para a frente, pôs sua velha boina a seus pés e voltou seus grandes e eloquentes olhos para mim. Ouviu- -se um chiado de desaprovação, vindo de cima e de baixo. Levantei-me e anunciei: "Sojourner Truth", e implorei que a plateia ficasse em silêncio por um momento.*

*O tumulto amainou-se de vez, e todos os olhos estavam fixados naquela forma quase amazona, com quase um metro e oitenta, a cabeça ereta e os olhos perfurando o ar como em um sonho. Com sua primeira palavra veio um profundo silêncio. Ela falava em tons graves e ainda que não falasse alto alcançava todos os ouvidos do recinto e para além das pessoas amontoadas nas portas e janelas.*

Bem, filhos, onde há muita confusão deve haver alguma coisa fora da ordem. Eu acho que aquela mistura de *niggers* do sul com as mulheres do norte, todos falando sobre direitos, os homens brancos vão ficar em apuros logo. Mas sobre o que todos aqui estão falando?

Aquele homem ali diz que as mulheres precisam ser ajudadas a entrar em carruagens, e que têm que ser erguidas para passarem sobre poças e terem os melhores assentos em qualquer lugar. Ninguém nunca me ajudou a entrar em carruagens, a passar por cima de poças de lama e nem me deu o melhor lugar! E eu não sou uma mulher? Olhem para mim! Olhem para o meu braço! [*E ela ergueu o punho para revelar sua tremenda força muscular*] Tenho arado e plantado e ceifado, e nenhum homem poderia me superar! E eu não sou uma mulher? Eu posso trabalhar tanto e comer tanto quanto um homem — quando consigo comida — e também aguentar o chicote! E eu não sou uma mulher? Eu carreguei treze filhos, e vi a maioria ser vendida como escravo, e quando chorei minha tristeza de mãe, só tinha Jesus para me ouvir! E eu não sou uma mulher?

Então eles ficam falando sobre essa coisa na cabeça; como é que chamam mesmo? [*"Intelecto", sussurrou alguém por perto*] É isso, meu bem. O que isso tem a ver com os direitos das mulheres ou dos negros? Se meu copo só comporta meio galão, e o seu comporta um galão, não seria maldade sua não deixar eu encher minha meia-medida? [*Ela apontou seu indicador e lançou um olhar penetrante para o ministro que havia apresentado tal argumento. Os aplausos foram longos e ruidosos.*]

Aquele homenzinho de preto ali, ele diz que as mulheres não podem ter tantos direitos quanto os homens, "porque Cristo não era uma mulher!". De onde vem o seu Cristo? [*Um trovão não teria paralisado a plateia tanto quanto aquela voz maravilhosa, profunda, enquanto ela ali se erguia, com os braços estendidos e o olhar de fogo.*] De onde vem o seu Cristo? Vem de Deus e de uma mulher! Homens não têm nada a ver com Ele.

[*Voltando-se agora para outro dos que faziam objeção aos direitos das mulheres, ela passou a defender a mãe Eva. Não consegui acompanhá-la. Foi certeiro, arguto e solene. Cada frase provocava aplausos ensurdecedores.*] Se a primeira mulher que Deus fez foi forte o suficiente para virar sozinha o mundo de cabeça para baixo, estas mulheres juntas [*e contemplou a plateia*] devem ser capazes de trazê-lo de volta, e colocá-lo na posição certa novamente! E agora elas estão pedindo para fazer isso, é melhor os homens deixarem. [*Um longo e celebratório aplauso foi a resposta.*] Obrigada por me ouvirem. Agora a velha Sojourner não tem mais nada a dizer.

*Em meio ao trovoar dos aplausos, ela voltou a seu canto, deixando mais de uma entre nós com lágrimas a correr e o coração batendo de gratidão. Ela havia nos tomado em seus braços fortes e nos carregado com segurança sobre o atoleiro de dificuldades, mudando a maré a nosso favor. Nunca em minha vida vi nada parecido com o impacto mágico que persistiu no espírito da multidão naquele dia, e que transformou vaias e zombarias de uma plateia excitada em sons de respeito e admiração. Centenas correram para apertar suas mãos e congratular a gloriosa velha mãe, e para desejar que Deus a ajudasse em sua missão de "dar testemunho sobre a maldade desse povo".*

*Doce é o mel virginal, que a abelha*
*selvagem guarda no junco.*
*E resplendentes são as joias do*
*bracelete no braço de um etíope.*
*Puros são os grãos de ouro na*
*corrente túrbida do Ganges.*
*E claras são as flores vivas que brotam*
*do relvado seco e gélido.*
*Assim, tu, gentil estudante, traz teus*
*ouvidos ao meu discurso,*
*pois que também sou como és; nossos*
*corações podem comungar juntos;*
*As questões mais mesquinhas vou saltar,*
*posto que mesquinhez é a lida do mortal;*
*Ascenderei aos mais nobres temas, posto que*
*a alma tem uma herança de glória.*

Martin Farquhar Tupper

PREFÁCIO DA EDIÇÃO ORIGINAL

O que se segue é a narrativa despretensiosa da vida de uma mulher admirável e meritória — uma vida marcada por estranhas vicissitudes, cruéis dificuldades e aventuras singulares. Nascida como uma escrava, e mantida nessa condição brutal até a completa abolição da escravatura no estado de Nova York, em 1827, ela soube o que é beber os restos do cálice mais amargo da degradação humana. Que alguém assim rebaixada ao nível do gado, e por tantos anos sujeitada às mais desmoralizantes influências, tenha mantido inabalável sua integridade moral e cultivado com tanto êxito o sentimento religioso em sua alma, demonstra uma mente extraordinária, ao mesmo tempo que ressalta a aversão sentida em cada coração humano àquele sistema de opressão que busca mutilar o intelecto, bloquear a compreensão e perverter o coração de suas vítimas — um sistema que tem sujeitado a seus propósitos repugnantes, nos Estados Unidos, tudo que é próspero, talentoso, influente e supostamente piedoso em um grau esmagador!

Ó, as "momices" que o povo americano está "representando ante o céu"[2] Ó, seu uso profano do sagrado nome da Liberdade! Ó, seu ímpio apelo ao Deus dos oprimidos, por sua divina bênção, enquanto eles fazem mercadorias de Sua imagem! Não coram de vergonha? Não!, eles se glorificam na sua ignomínia! Uma vez por ano fazem um grande esforço para se exibir ao mundo em toda a sua deformidade republicana e barbárie cristã, supondo insanamente que assim excitam a inveja, a admiração e os aplausos da humanidade. As nações estão olhando para o grande espetáculo com nojo e espanto. Por mais abissais e degradados que sejam, são nobres demais, virtuosos e humanos demais para serem culpados de tal conduta.

A voz deles é ouvida, dizendo: 'americanos! ouvimos suas queixas de liberdade, seus gritos de independência, suas declarações de hostilidade a toda forma de tirania, suas afirmações de que todos os homens são criados livres e iguais e dotados pelo seu Criador de um direito inalienável à liberdade, o alegre toque de seu sinos e o barulho ensurdecedor de sua artilharia; mas, misturado a tudo isso e erguendo-nos mais alto que tudo, também ouvimos o barulho de correntes! Os gritos e os gemidos de milhões de seus compatriotas, que vocês perversamente mantêm em estado de escravidão tão mais ater-

---

2    *Trecho de* Medida por medida, *de Shakespeare, na fala da personagem Isabela. "Mas o homem, o homem cheio de orgulho, revestido de autoridade mínima, ignorando quanto julga saber: sua essência frágil, qual manhoso macaco tais momices apresenta ao céu, que os próprios anjos choram de vê-lo."*

rorizante do que aquela opressão a que seus pais resisti-
ram com sangue, assim como as torturas da Inquisição
superam as picadas de um inseto!

Vemos sua flâmula flutuando orgulhosamente na
brisa de cada mastro de bandeira fincado na terra; mas
suas listras vermelho-sangue são emblemas da própria
crueldade com os escravos, quando vocês fustigam o
chicote na carne de sua vítima sem culpa, até mesmo
na carne de uma esposa e mãe, gritando pela devolu-
ção do bebê que lhe foi arrancado do seio, vendido ao
especulador de escravos sem remorso! Nós vemos o bri-
lho de suas colinas iluminadas, ardendo em chama por
todos os lugares; celebramos suas alegres procissões;
anotamos o número de seus oradores; ouvimos o reci-
tal de suas realizações revolucionárias; nós os vemos
ajoelhados no santuário da Liberdade, como se fossem
seus melhores, mais verdadeiros e mais sinceros ado-
radores! Hipócritas! Mentirosos! Adúlteros! Tiranos!
Pagãos! Professando acreditar na igualdade natural da
raça humana — ainda condenando uma sexta parte de
sua imensa população à servidão animal e classificando-
-as entre seus objetos e bens móveis! Professando acreditar na existência de um Deus — ainda traficando Sua
imagem e mercadejando no abatedouro aqueles por cuja
redenção o Filho de Deus deu sua vida! Professando ser
cristãos mas impedindo que chegue a Bíblia, o significado da instrução religiosa, mesmo o conhecimento do
alfabeto, a uma multidão ignorante, sob terríveis pena-
lidades! Vangloriando-se de sua democracia mas determinando os direitos dos homens pela textura de seus
cabelos e pela cor de sua pele! Assumindo ser "a terra

dos livres e o lar dos corajosos" mas ainda mantendo em correntes mais escravos que qualquer outra nação, com exceção do Brasil amaldiçoado pela escravidão! Vangloriando-se de sua moral e honestidade enquanto nega o sacerdócio do casamento a três milhões de seres humanos, saqueando-os de todos os seus ganhos! Afetando horror diante da visão do comércio exterior de escravos enquanto prospera ansiosamente um tráfego doméstico igualmente cruel e antinatural, reduzindo à escravidão não menos de setenta mil novas vítimas anualmente! Louvando sua liberdade de expressão e de imprensa, sua Constituição incomparável e sua gloriosa União enquanto denunciam como traidores e tratam como fora da lei, aqueles que têm a coragem e a fidelidade de pleitear pela liberdade imediata, sem condições e universal! Monstros é o que são! como podem esperar escapar do desprezo do mundo e da ira do céu? Emancipem vossos escravos, se quiserem redimir seu caráter manchado se quiserem obter perdão aqui e salvação depois! Até que façam isso, haverá uma mácula no seu brasão nacional, o qual nem todas as águas do Atlântico conseguiriam lavar!

É assim que, como povo, somos justamente sujeitos à reprovação, à execração, ao escárnio da humanidade, e somos transformados em piada e vaia entre as nações. Não podemos nos declarar inocente: toda acusação registrada contra nós é verdadeira; o ato de violência está em nossas mãos; a propriedade roubada está em nossa posse; nossos dedos estão manchados de sangue; o cálice da nossa iniquidade está cheio.

*Deus justo! E aplaquemos com calma,*
*O desprezo do cristão, a alegria dos pagãos*
*Contentes em viver o persistente chiste*
*E a fama de uma terra desdenhosa?*
*Nossa gloriosa terra tem mesmo que manter*
*A maldição que a Europa despreza?*
*Terão nossos irmãos que arrastar os grilhões*
*Que nem servos russos têm de portar?*

É inútil, asqueroso, ímpio que esta nação continue a se bater com o Todo-Poderoso. Todos os Seus atributos estão contra nós, e ao lado dos oprimidos. Não é coisa temerária cair nas mãos do Deus vivo? Quem poderá suportar o dia da Sua vinda, e quem permanecerá de pé quando Ele aparecer "testemunha veloz contra os feiticeiros, contra os adúlteros, contra os que juram falsamente, contra os que defraudam o trabalhador em seu salário, a viúva e o órfão, e que pervertem o direito do estrangeiro"[3]. Ai dessa terra sangrenta! Está cheia de mentiras e roubo: a presa não se afasta e o som do chicote ouve-se continuamente. "Por isso o direito se tornou atrás, e a justiça se pôs de longe; porque a verdade anda tropeçando pelas ruas, e a equidade não pode entrar. Sim, a verdade desfalece, e quem se desvia do mal arrisca-se a ser despojado; e o Senhor viu, e pareceu mal aos seus olhos que não houvesse justiça. E vendo que ninguém havia, maravilhou-se de que não houvesse

---

3   *Malaquias 3:5.*

um intercessor; por isso o seu próprio braço lhe trouxe a salvação, e a sua própria justiça o susteve. Pois vestiu-se de justiça, como de uma couraça, e pôs o capacete da salvação na sua cabeça, e por vestidura pôs sobre si vestes de vingança, e cobriu-se de zelo, como de um manto."[4] — e a não ser que nos arrependamos ao imediatamente desfazer os pesados fardos e deixar livres os oprimidos, de acordo com nossas ações, assim que nos pagará: a fúria para os adversários, a recompensa para os inimigos. "Deus executa atos de justiça e juízos para todos os que estão oprimidos."[5] "Louvai ao Senhor, porque Ele é bom; porque a Sua benignidade dura para sempre. [...] O que feriu o Egito nos seus primogênitos; porque a Sua benignidade dura para sempre. [...] Mas derrubou o Faraó com o seu exército no Mar Vermelho; porque a sua benignidade dura para sempre."[6] "Cantai ao Senhor, porque gloriosamente triunfou; e lançou no mar o cavalo com o seu cavaleiro. Sopraste com o Teu vento, o mar os cobriu; afundaram-se como chumbo em veementes águas. Mesmo assim, Deus Todo Poderoso, porque assim pareceu bom a seus olhos. Ó Senhor, quem é como tu entre os deuses? Quem é como tu glorificado em santidade, admirável em louvores, realizando maravilhas?"[7]

---

4   *Isaías 59.*

5   *Salmos 103:6.*

6   *Salmos 136.*

7   *Êxodo 15.*

Nesta grande competição do Certo contra o Errado, da Liberdade contra a Escravidão, quem são os ímpios, se não esses que, como abutres e vampiros, refestelam-se em sangue humano? Se não esses saqueadores dos pobres, os espoliadores dos indefesos, os que traficam "escravos e a alma dos homens"?[8] Quem são os covardes, se não aqueles cuja valentia, estimulada pelos vapores do uísque, ou pelo espírito de morte, irrompem quando a escuridão da noite se aproxima; cujos gritos e berros são selvagens e demoníacos; que exclamam furiosos "Abaixo a livre discussão! Abaixo a liberdade de imprensa! Abaixo o direito à petição! Abaixo a Lei Constitucional!"; e que incendeiam malas de correio, atiram tipos e prensas no rio, que queimam espaços públicos dedicados à "Virtude, Liberdade e Independência" e assassinam os defensores dos direitos inalienáveis dos homens? E quem são os virtuosos, nesse caso, se não aqueles que "não se comunicam com as obras infrutuosas das trevas, mas antes as condenam";[9] que sustentam que o trabalhador tem direito ao fruto do seu trabalho, que a instituição do casamento é sagrada, que a escravidão é um sistema abominado por Deus, que os tiranos são os inimigos da humanidade, que a imediata emancipação deve ser dada a todos os afligidos pelo cativeiro! Quem são os realmente bravos, se não esses que demandam, seja para a verdade ou para o erro, a liberdade de imprensa, em espaço aberto, o direito à

---

8    *Apocalipse, 18:13.*

9    *Efésios 5:11.*

petição e o FIM DAS SENZALAS? Se não esses que, no lugar de fugir da luz, põem-se de pé sob o sol escaldante do meio-dia e desafiam seus oponentes a saírem de suas tocas de lobo para que, após um rígido exame, possa se ver quem roubou a cunha de ouro[10], no bolso de quem estão as trinta moedas,[11] e de quem é o vestido maculado pelo sangue dos inocentes?[12]

Esperamos que a leitura da narrativa que se segue possa aumentar a compaixão sentida pelo sofrimento das populações de cor deste país e inspire, com esforços redobrados, a favor da liberação de todos aqueles sob cativeiro no solo americano.

---

10   *Josué 7:24.*

11   *Mateus 26:15.*

12   *Jeremias 2:34.*

# Nascimento e filiação

A pessoa retratada nesta biografia, SOJOURNER TRUTH, como ela agora se chama, mas cujo nome, originalmente, era Isabella, nasceu, o mais próximo que ela pode calcular, entre os anos de 1797 e 1800. Era filha de James e Betsey, escravos de certo coronel Ardinburgh, de Hurley, no condado de Ulster, Nova York.

O coronel Ardinburgh pertencia àquela classe de pessoas chamadas de "baixo holandesas".[13]

De seu primeiro senhor ela nada pode contar, pois deve ter sido uma mera criança à altura que ele morreu; e ela, com seus pais e outros dez ou doze "bens móveis" humanos, tornaram-se propriedade legal de seu filho, Charles Ardinburgh. Ela se lembra nitidamente de ouvir o pai e a mãe dizerem que o destino deles era bem aventurado, pois o senhor Charles era o melhor da famí-

---

13    *Descendentes de colonos holandeses no estado de Nova York.*

lia — sendo, comparativamente, um senhor bondoso para com os escravos.

James e Betsey, com lealdade, docilidade e comportamento respeitoso, ganharam sua estima, recebendo dele favores particulares — entre os quais havia um lote de terra, situado na encosta de uma montanha, onde, esforçando-se nas tardes amenas e nos domingos, conseguiam cultivar um pouco de tabaco, milho ou linho, que trocavam por itens extras, como alimentos ou roupas para eles ou para as crianças. Ela não consegue se lembrar se as tardes de sábado contavam como seu tempo livre, como acontece com alguns senhores nos estados do sul.

## ACOMODAÇÕES

Entre as lembranças mais antigas de Isabella estava a mudança de seu senhor, Charles Ardinburgh, para a nova casa que ele construíra para ser um hotel, logo após a morte de seu pai. Um porão, sob esse hotel, foi designado para seus escravos, como dormitórios, com todos os escravos que ele possuía, de ambos os sexos, dormindo (como é bastante comum em estado de escravidão) no mesmo cômodo. Ela guarda na memória, até hoje uma vívida imagem daquela câmara sombria: a única iluminação provinha de algumas vidraças, através das quais ela acha que o sol nunca brilhava diretamente, senão apenas por três raios refletidos; e o espaço entre as tábuas soltas do chão e a terra desnivelada abaixo eram frequentemente preenchido com lama e água, que fazia chapinhar desconfortavelmente e eram tão irritantes quanto os vapores nocivos que devem ser perturbadores e fatais para a saúde. Ela estremece até hoje quando volta à memória e revisita esse porão, e vê aqueles habitantes, de ambos os sexos e de todas as idades dormindo naquelas tábuas úmidas, como o cavalo, com um pouco de palha e um cobertor; e não se admira com os reumatismos, as feridas e a paralisia que distorciam os membros e atormentavam os corpos daqueles companheiros de escravidão na vida após a morte. Ainda assim, ela não atribui tal crueldade — pois é certamente crueldade ser tão indiferente à saúde e ao conforto de qualquer ser, desconsiderando totalmente sua parte mais importante, seus interesses permanentes — como sendo somente uma crueldade inata ou caprichosa do senhor, mas também àquela inconsistência gigantesca, esse hábito herdado entre os senhores de escravos, de esperar uma obediência bem disposta e inteligente do escravo, porque ele é um HOMEM — ao mesmo tempo, tudo que pertence ao brutalizante sistema se esforça em atormentar o último vestígio de humanidade dentro dele; e quando ele é oprimido, os confortos da vida lhe são negados, com o argumento de que ele não saberia o que fazer com eles ou que nem deles necessita, é porque ele é considerado um pouco mais ou um pouco menos que um animal.

## SEUS IRMÃOS E IRMÃS

O pai de Isabella era muito alto e esguio quando jovem, o que o levou a ser chamado de "Bomefree" — que seria "árvore" em holandês, ou pelo menos é assim que Sojourner pronuncia —, e era esse o nome que ele costumava usar. A denominação mais familiar de sua mãe era "Mau-mau Bett". Ela era mãe de uns dez ou doze filhos. Embora Sojourner esteja longe de saber o número exato de seus irmãos e irmãs, ela é a segunda mais nova, e todos os mais velhos foram vendidos antes que ela tivesse idade suficiente para se lembrar. Ela teve o privilégio de ver seis deles enquanto era escrava.

Dos dois que imediatamente a precederam em idade, um menino de cinco anos e uma menina de três, que foram vendidos quando ela era bebê, muito ouviu falar; e gostaria que todos os que estão inclinados a acreditar que os pais escravos não têm afeição natural pela sua prole, pudessem ter ouvido o que ela ouviu, quando Bomefree e Mau-mau Bett — na câmara escura iluminada por um tronco de pinho em brasa — ficavam por horas recordando e recontando cada carinho, assim como as circunstâncias angustiantes que uma memória aviltada proporcionava, as histórias daqueles queridos que partiram, dos que lhes foram roubados, e por quem seus corações ainda sangravam. Entre outras, eles contavam da vez que o garotinho, na última manhã em que estava com eles, levantou com os pássaros, acendeu o fogo, chamando por sua Mau-mau "para vir, que já estava tudo pronto para ela" — mal imaginando a terrível separação que logo estava por vir, mas da qual seus pais tinham um incerto, e por isso ainda mais cruel, pressentimento. Havia neve no chão, nesse dia do qual estamos falando, e um grande e antiquado trenó foi visto dirigindo-se à porta do falecido Coronel Ardinburgh. Esse evento foi notado com prazer infantil pelo garoto inocente; mas quando ele foi levado e colocado no trenó, e viu sua irmãzinha encarcerada e trancada na caixa do trenó, seus olhos imediatamente abriram-se às intenções deles e, como um cervo assustado, saltou do trenó e entrou correndo na casa, escondendo-se debaixo de uma cama. Mas isso pouco lhe valeu. Ele foi levado novamente para o trenó e separado para sempre daqueles a quem Deus havia concedido sua guarda e proteção natural, e para quem ele deveria garantir abrigo e apoio nos anos de declínio. Porém eu me abstenho de comentar sobre fatos como esses, sabendo que o coração de cada pai ou mãe escravo irá fazer o próprio comentário, involuntária e corretamente, como o coração deve fazer em cada caso. Aqueles que não são pais irão tirar as próprias conclusões dos apelos da humanidade e filantropia: esses, iluminados pela razão e pela revelação, também não se enganam.

## Sua instrução religiosa

Isabella e Peter, o irmão mais novo, permaneceram com os pais, como propriedade legal de Charles Ardinburgh até que ele falecesse, o que aconteceu quando Isabella tinha aproximadamente nove anos.

Após esse acontecimento, ela sempre se surpreendia ao encontrar a mãe em lágrimas; e quando perguntava na sua ingenuidade: 'Mau-mau, por que chora?", ela respondia: "ah, minha filha, estou pensando nos seus irmãos e irmãs que foram vendidos para longe de mim." E ela continuava a contar muitas histórias sobre eles. Mas Isabella há muito tempo concluiu que aquele choro se devia ao destino iminente dos únicos filhos remanescentes, que sua mãe muito bem compreendia, embora evocasse aquelas memórias do passado, que voltavam a mortificar seu coração como se fossem novas.

Às noites, quando o trabalho de sua mãe estava terminado, ela se sentava sob o firmamento resplendente e, chamando pelos filhos, conversava com eles sobre o único Ser que poderia realmente ajudá-los e protegê-los.

Seus ensinamentos eram transmitidos em baixo holandês, a única língua que conhecia, e, traduzidos para o inglês, seriam quase como o que se segue:

— Meus filhos, existe um Deus que escuta e vê vocês.

— Um Deus, Mau-mau! Onde Ele vive? — perguntavam as crianças.

— Ele vive no céu — ela respondia, — quando você é espancado, ou cruelmente maltratado, ou tem algum problema, você precisa pedir ajuda a Ele, e Ele irá sempre escutá-los e ajudá-los.

Ela os ensinou a ajoelhar e dizer a oração do Senhor. Pediu que se abstivessem de mentir e roubar, e se esforçassem para obedecer aos seus senhores.

Às vezes, um gemido lhe escapava, e ela costumava desabafar na língua dos salmistas[14]

— Até quando, Senhor?

E, em resposta à pergunta de Isabella, "o que te aflige, Mau-mau?", sua única resposta foi:

— Ah, muitas coisas me afligem. Muitas coisas.

Então, mais uma vez, ela apontava para as estrelas, e dizia, na linguagem que lhe era peculiar:

— Aqueles são os mesmos astros e aquela é a mesma lua, que olham para baixo e veem seus irmãos e irmãs, e as que eles veem quando olham para cima, embora estejam tão distantes de nós quanto nós estamos deles.

Assim, na sua maneira humilde, ela se esforçou para mostrar a eles o Pai Celestial, como o único ser

---

14 *Salmo 13:* "Até quando te esquecerás de mim, Senhor? Para sempre? Até quando esconderás de mim o teu rosto?"

que poderia protegê-los daquela condição precária; ao mesmo tempo que reforçava e iluminava a corrente do afeto familiar que ela acreditava estender-se o suficiente para conectar os membros tão dispersos de seu precioso rebanho. Essas instruções da mãe perpetuaram-se, para Isabella, como um tesouro e como um texto sagrado, como nossa futura narrativa irá demonstrar.

## O LEILÃO

Enfim chegou o dia que jamais será esquecido, o do terrível leilão, quando "escravos, cavalos e outros rebanhos" do falecido Senhor Charles Ardinburgh estavam para ser colocados sob o martelo, e trocar novamente de senhores. Não só Isabella e Peter, mas também a mãe deles, foram destinados ao pregão, e teriam sido arrematados pelo lance mais alto, não fossem as seguintes circunstâncias: surgiu uma pergunta entre os herdeiros: "quem terá que arcar com Bomefree quando tivermos mandado embora sua leal Mau-mau Bett?" Ele estava ficando fraco e enfermo; seus membros estavam dolorosamente reumáticos e deformados, mais pela exposição e pelas durezas da lida do que pela idade, embora ele fosse muitos anos mais velho que Mau-mau Bett. Ele já não era mais considerado um bem valioso, mas um fardo que logo precisaria ser cuidado por alguém.

Após alguma discussão sobre o problema em questão, já que ninguém quis responsabilizar-se por seu encargo, foi finalmente acordado, como o mais conveniente para os herdeiros, que o preço de Mau-mau Bett deveria ser sacrificado, e que ela receberia a liberdade, com a condição de tomar conta e sustentar seu fiel James — fiel, não apenas para ela como marido, mas certamente fiel como escravo àqueles que não estavam dispostos a gastar um dólar para lhe dar conforto, agora que começara sua descida ao vale sombrio da decrepitude e do sofrimento. Essa decisão importante foi recebida como uma notícia alegre, de fato, para nosso casal ancião, que tentavam então preparar seus corações para enfrentar uma séria batalha, a qual era completamente nova para eles, já que nunca haviam sido separados; pois, embora ignorantes, desamparados, esmagados na alma, e sobrecarregados com dificuldades e perdas cruéis, eles ainda eram humanos, e seus corações humanos batiam dentro deles com uma afeição tão verdadeira como qualquer outra que tenha feito um coração bater. E a perspectiva de separação agora, no declínio da vida, depois do último filho ter sido arrancado deles, deve ter sido horrível. Outro privilégio lhes foi concedido, o de permanecerem no mesmo porão escuro e úmido que já descrevi anteriormente; caso contrário, eles deveriam se manter da melhor maneira que pudessem. E como a mãe ainda era capaz de um trabalho considerável, e o pai, de um pouco, eles se viraram por algum tempo com algum conforto. Os desconhecidos que alugaram a casa eram pessoas bondosas, e muito gentis com os pais de Isabella; não eram ricos e não possuíam escravos. Por quanto tempo essa situação se manteve assim, não sabemos dizer, posto que Isabella àquela altura ainda não havia desenvolvido o sentido de tempo para calcular anos, ou mesmo semanas e horas. Mas ela acha que a mãe deve ter vivido alguns anos depois da morte do senhor Charles. Ela lembra de ir visitar os pais umas três ou quatro vezes antes da morte da mãe, e lhe pareceu que um tempo considerável transcorreu entre cada visita.

Tempos depois, a saúde da mãe começou a decair — uma inflamação febril arruinou um de seus membros, e uma paralisia começou a sacudir sua estrutura; ainda assim, ela e James cambaleavam, pegando um pouco aqui e ali, o que, somado às migalhas contribuídas por seus vizinhos gentis, bastava para sustentar a vida e expulsar a fome da porta.

## MORTE DE MAU-MAU BETT

Uma manhã, no início do outono (não podemos precisar o ano), Mau-mau Bett disse a James que iria fazer para ele um pão de centeio e pedir para a senhora Simmons, sua amável vizinha, para que pudessem assar no forno aquela tarde. James respondeu a ela que havia se comprometido a limpar a estrada com o ancinho, mas antes de começar, ele tiraria com a vara algumas maçãs de uma árvore próxima, da qual eles tinham permissão para colher, e se ela pudesse assar algumas delas junto com o pão, teriam um delicioso jantar. Ele golpeou com o ancinho as maçãs e logo depois viu Mau-mau Bett sair para recolhê-las.

Ao tocar o sino para o jantar, ele tateou o caminho até o porão, antecipando sua humilde, mas morna e nutritiva refeição; quando, ah! Em vez de ser alegrado pela visão e pelo cheiro de um pão fresco assado e pelas saborosas maçãs, seu porão parecia mais triste do que o usual e, num primeiro momento, nenhuma visão ou som apresentou-se ao olho ou ao ouvido. Mas, tateando o caminho pela sala, seu bastão, que ele usou para ajudá-lo no caminho e avisá-lo do perigo, parecia impedi-lo de ir em frente, e um gemido baixo, gargarejante e sufocado vinha do objeto diante dele, dando-lhe o pressentimento do que se passava de verdade, que Mau-mau Bett, sua companheira da alma, o único membro restante de uma larga família, havia tombado devido à paralisia, e caída estava, indefesa, sobre a terra! Quem entre nós, morando em casas agradáveis, cercado por todo o conforto e por tantos amigos gentis e solidários, pode imaginar o estado sombrio e desolado do pobre velho James — sem um tostão, fraco, coxo e quase cego — quando descobriu que perdera sua companheira e que ficara sozinho no mundo, sem ninguém para ajudá-lo, confortá-lo ou consolá-lo? Sim, porque ela nunca mais se recuperaria e viveu apenas algumas horas depois de ser descoberta inconsciente por seu pobre e desolado James.

## Últimos dias de Bomefree

Isabella e Peter foram autorizados a ver os restos mortais da mãe, deitada em sua última e estreita moradia, e a fazer uma pequena visita ao desconsolado pai, antes que eles voltassem à sua servidão. E que dignas de pena eram as lamentações do pobre velho, quando, por fim, os filhos foram obrigados a dar-lhe adeus! Juan Fernandez,[15] em sua ilha desolada, não era um sujeito tão digno de pena como esse pobre coxo. Cego e aleijado, estava debilitado demais para pensar por um momento em cuidar de si mesmo, e tinha muito medo que ninguém olhasse por ele. "Ah, ele exclamava, eu pensava que Deus me levaria antes... Mau-mau era muito mais esperta que eu, e seria capaz de superar e cuidar de si mesma, e eu estou tão velho, tão abandonado... O que

---

15 Aqui a narradora confunde o nome do arquipélago *Juan Fernandéz*, no Chile, com o do marinheiro escocês *Alexander Selkirk*, que lá permaneceu degradado e cuja história levou Dafoe a escrever Robinson Crusoé.

será de mim? Não consigo fazer nada mais — meus filhos foram todos embora, e aqui fui deixado desamparado e sozinho." "E então, quando eu estava me despedindo dele", contou a filha, no relato, "ele levantou a voz e chorou alto como uma criança... Ah, como ele CHOROU! Eu o OUÇO agora, e lembro como se fosse ontem... Pobre velho! Ele achava que Deus lhe havia feito de tudo, e meu coração sangrou dentro de mim quando vi sua miséria. Ele me implorou para obter permissão para visitá-lo às vezes, o que eu prontamente e com sinceridade prometi a ele". Mas quando todos o haviam deixado, os Ardinburgh, que mantinham alguma afeição pelo seu escravo fiel e favorito, "revezaram-se" para cuidá-lo — permitindo que ficasse algumas semanas em uma casa e depois um tempo em outra, e assim por diante. Ao se mudar, se o local para onde estava indo não fosse muito distante, ele assumia a caminhada, de bengala na mão, e não pedia ajuda. Se fossem doze ou vinte milhas, eles lhe davam uma carona. Enquanto ele vivia assim, permitiram que Isabella o visitasse por duas vezes. Outra vez ela andou doze milhas e carregou sua irmã nos braços para vê-lo, mas quando ela chegou no lugar onde esperava encontrá-lo, ele havia acabado de se mudar para outro, a vinte milhas de distância, e ela nunca mais o veria. Na última vez encontrou-o sentado em uma pedra, à beira da estrada, sozinho, e longe de qualquer casa. Ele estava então migrando de uma casa da família Ardinburgh para outra, muitas milhas distante. O cabelo dele estava branco como lã, ele estava quase cego, e seu passo era mais um rastejar que um andar, mas o clima estava quente e agradável, e ele não desgostou da jornada. Quando Isabella se dirigiu a ele, o pai reconheceu sua voz, e ficou extremamente feliz de vê-la. Ajudaram-lhe a montar a carroça, e ele foi levado de volta ao famoso porão de que falamos e lá eles mantiveram sua última conversa terrena. Novamente, como de costume, lamentou sua solidão: falou em tom de angústia sobre seus muitos filhos, dizendo: "todos foram tirados de mim! Agora não tenho ninguém para me dar um copo de água fresca. Por que devo continuar vivo e não morrer logo?" Isabella, cujo coração suspirava por seu pai, e que teria feito qualquer sacrifício para poder estar com ele e cuidar dele, tentou consolá-lo, dizendo que ouvira o povo branco dizer que todos os escravos no estado seriam libertados em dez anos e, então, ela viria e cuidaria dele.[16] "Eu cuidaria tão bem de você quanto Mau-mau, se ela estivesse aqui", continuou Isabella. "Ah, minha filha", respondeu ele, "não posso viver por tanto tempo". "Ah, papai, viva, e eu cuidarei muito bem de você", foi a tréplica. Ela agora diz: "pensei então, na minha ignorância, que ele poderia viver, se quisesse. Eu achava isso, mais forte do que já achei alguma coisa na minha vida, e eu insisti que ele vivesse. Mas ele só balançou a cabeça e insistiu que não poderia."

---

16   *Provavelmente um boato. No lento processo de abolição da escravatura no estado de Nova York, a primeira lei, de 1799, previa a emancipação dos escravos nascidos a partir daquela data, mas somente quando atingissem a idade adulta. Sojourner, por ter nascido antes, não foi beneficiada com essa perspectiva de liberdade.*

Mas antes que a boa constituição de Bomefree cedesse à idade, à exposição ou a um forte desejo de morrer, os Ardinburgh, novamente cansados dele, deram a liberdade a dois velhos escravos — Caesar, irmão de Mau-mau Bett, e sua esposa Betsey — com a condição de que eles cuidassem de James. (Estava prestes a dizer "cunhados", mas como os escravos não são considerados, legalmente, maridos ou esposas, a ideia de serem cunhados é realmente descabida.) E, embora fossem velhos e enfermos para cuidarem de si mesmos (Caesar foi atormentado por muito tempo com inflamações febris e sua esposa com icterícia), eles prontamente aceitaram o benefício da liberdade que haviam desejado com a alma por toda a vida, embora em uma altura da vida em que a emancipação seria para eles pouco mais que destituição, e era uma liberdade mais desejada pelo senhor do que pelo escravo. Sojourner falava, a respeito dos escravos, na ignorância deles, "que seus pensamentos são mais curtos que o dedo dela".

## MORTE DE BOMEFREE

Uma cabana rústica, em um bosque solitário, longe de vizinhos, foi concedida a nossos amigos libertos, como a única ajuda que eles poderiam esperar. Bomefree, a partir desse momento, viu que suas precárias necessidades dificilmente seriam supridas, pois seus novos provedores eram pouco capazes de administrar as próprias carências. Contudo chegou o tempo em que as coisas ficariam decididamente piores que melhores, porque eles não ficaram juntos muito tempo, Betsey morreu e, pouco depois, Caesar a seguiu "na viagem da qual ninguém volta", deixando o pobre James novamente desolado e mais desamparado do que nunca. Desta vez já não havia uma família amável morando na casa, e os Ardinburgh não o convidava mais para seus lares. Ainda assim, solitário, cego e desamparado como estava, James viveu por mais um tempo. Um dia, uma velha senhora negra chamada Soan o saudou em seu barraco, e James implorou a ela, da melhor maneira possível, inclusive com lágrimas, para ficar um pouco, lavar e remendar suas roupas, para que pudesse mais uma vez estar decente e confortável; pois ele estava sofrendo terrivelmente com a sujeira e os parasitas que se acumulavam sobre ele.

Soan era uma escrava alforriada, velha e fraca, sem ninguém para tomar conta dela, e faltava-lhe força para ocupar-se de um trabalho com tal magnitude, temendo que ela mesma ficasse doente e perecesse ali sem ajuda; e foi com grande relutância, e um coração cheio de pena, como ela declarou depois, que se sentiu forçada a deixá-lo em sua miséria e sujeira. E logo após sua visita, aquele escravo fiel, esse destroço abandonado de humanidade, foi encontrado em seu estrado miserável, congelado e rígido na morte. O anjo da misericórdia finalmente chegou e o aliviou das muitas misérias que os outros mortais haviam jogado sobre ele. Sim, ele havia morrido, de frio e de fome, sem ninguém para dizer uma palavra gentil ou fazer uma ação gentil por ele, naquela última pavorosa hora de necessidade!

A notícia de sua morte chegou aos ouvidos de John Ardinburgh, um neto do velho coronel; e ele declarou que "Bomefree, que havia sido um gentil e fiel escravo, deveria ter um bom funeral". E agora, caros leitores, o que pensam que constitui para ele um bom funeral? Resposta: alguma tinta preta para o caixão, e uma jarra de aguardente! Que compensação por uma vida de labuta, de submissão paciente às mais repetidas extorsões dos tipos mais vis, e também muito mais que uma negligência assassina! A humanidade frequentemente tenta em vão reparar a indelicadeza ou a crueldade para com o

vivo, honrando-o mesmo após a morte, mas John Ardinburgh indubitavelmente achava que sua lata de tinta e o
jarro de aguardente serviriam como um ópio para seus
escravos, mais que para sua consciência cauterizada.[17]

---

17    *1 Timóteo 4:2*. "'Tais ensinamentos vêm de homens hipócritas e
mentirosos, que têm a consciência cauterizada'".

# Início das provações
## na vida de Isabella

Tendo visto o fim triste dos pais, ao menos no que diz respeito a esta vida terrena, retornaremos ao memorável leilão que ameaçava separá-la do pai e da mãe. Um leilão de escravos é uma ocasião terrível para suas vítimas, e suas consequências estão gravadas em seus corações com uma caneta de aço incandescente.

Nessa época inesquecível, Isabella foi arrematada pela quantia de cem dólares por um certo John Nealy, do Condado de Ulster, Nova York; e teve a impressão de que nessa venda ela fazia parte de um lote que continha ainda algumas ovelhas. Ela tinha então nove anos de idade, e suas provações na vida devem ser datadas desse período. Ela diz, enfática: "agora a guerra começou." Ela só conseguia conversar em holandês, e os Nealy somente conseguiam falar inglês. O senhor Nealy conseguia entender o holandês, mas Isabella e sua senhora não conseguiam entender a língua uma da outra — e isso, por si só, era um grande obstáculo no caminho de um bom entendimento entre elas, e por algum tempo foi uma fonte fecunda de insatisfação para a senhora, e de castigo e sofrimento para Isabella. Ela diz: "se eles me enviavam para pegar uma frigideira, sem saber o que eles queriam dizer, talvez eu lhes levasse ganchos de panelas e tresmalhos. Então, ah! Que raiva a minha senhora ficava de mim!" Isabella sofria "terrivelmente, terrivelmente!" com o frio. Durante o inverno seus pés ficavam muito gelados por falta de cobertura adequada. Eles lhe davam comida abundante, e também abundantes chicotadas. Um domingo de manhã, em particular, lhe disseram para ir ao celeiro; ao ir para lá, ela encontrou seu senhor com um feixe de varas de ferro, preparado nas brasas e amarrado com cordas. Quando ele tomou as mãos dela e as amarrou, deu-lhe a mais cruel chicotada com a qual ela jamais havia sido torturada. Ele a chicoteou até que a carne ficasse profundamente lacerada, e o sangue fluísse das feridas — as cicatrizes permanecem até o presente dia, para testemunhar o fato. "E agora", ela diz, "quando eu ouço falarem de chicotear mulheres na carne nua, isso faz minha pele arrepiar e meus cabelos levantarem na minha cabeça! Ah, meu Deus!", ela continua, "que maneira é essa de tratar os seres humanos?". Naquela hora extrema, ela não esquecia as instruções de sua mãe de ir a Deus em todas as provações e em todas as aflições; e não apenas lembrava, mas obedecia: indo até Ele "e contando-Lhe tudo — e perguntando-Lhe se achava certo" e implorando a Ele para protegê-la de seus opressores. Ela sempre rogava, com uma fé inquebrantável, que só lhe fosse dado aquilo que houvesse pedido. "E agora", diz, "ainda que pareça *curioso*, não me lembro de ter pedido nada que não fosse o que recebi". E sempre recebia em resposta às minhas orações. Quando era espancada, não sabia com antecedência para orar de antemão, e sempre pensei que se tivesse tido tempo de orar a Deus por ajuda escaparia do espancamento. Ela não fazia ideia de que Deus podia alcançar seus pensamentos, e acreditava que Ele só a ouviria em suas orações se fossem ditas em voz alta. E, consequentemente, ela não podia orar a menos que tivesse tempo e oportunidade de fazer do jeito dela, num lugar onde pudesse conversar com Deus sem ser ouvida por ninguém.

## As provações continuam

Enquanto esteve por vários meses com o senhor Nealy, Isabella implorava a Deus encarecidamente que lhe enviasse seu pai. Assim que começou a orar, começou a sentir confiança de que ele viria. Não demorou muito e, para sua grande alegria, ele chegou. Ela não teve oportunidade de falar sobre os problemas que pesavam tanto em sua alma, enquanto permaneceu com ela; mas quando ele partiu, Isabella o seguiu até o portão e desabafou com o coração, perguntando se ele não podia fazer algo para lhe dar um novo lar e um lugar melhor. Dessa maneira, os escravos frequentemente se ajudam, verificando quem são aqueles comparativamente mais gentis com os cativos, e então usam sua influência para conseguir que estes contratem ou adquiram seus amigos; e os senhores, muitas vezes, pela política ou pela humanidade latente, permitem que aqueles que estão prestes a serem vendidos ou a partir escolham para onde vão, desde que os novos proprietários sejam bons pagadores. Ele prometeu fazer tudo o que podia, e se separaram. E então, todos os dias, enquanto a neve durava (pois havia neve no chão na época), ela voltava ao local onde se separaram e, seguindo os rastros que seu pai havia feito na neve, repetia sua oração que Deus ajudaria seu pai a levá-la a um lugar novo e melhor.

Ainda não havia se passado muito tempo, quando um pescador chamado Scriver apareceu na casa do senhor Nealy e perguntou a Isabella se ela gostaria de ir morar com ele. Ela respondeu ansiosamente "sim" e não tenho dúvida de que foi enviado em resposta a suas orações. Ela logo foi embora com ele, ela a pé; ele, a cavalo. Ele a comprou por sugestão do pai, pagando cento e cinco dólares. Também morava no Condado de Ulster, a cerca de quatro ou cinco milhas do senhor Nealy.

Scriver, além de pescador, mantinha uma taberna para acomodar pessoas de sua classe — era de uma família rude e sem instrução, extremamente profana no modo de falar, mas, no geral, uma pessoa honesta, gentil e bem-disposta.

Possuíam uma grande fazenda, mas a deixavam totalmente abandonada; dando mais atenção às suas ocupações como pescadores e estalajadeiros. Isabella declara que mal pode descrever o tipo de vida que levava com eles: era um tipo de vida selvagem e ao ar livre. Ela costumava carregar peixe, ceifar milho, trazer raízes e ervas da floresta para as cervejas, ir à Strand[18] para um galão de melaço ou aguardente, conforme o caso exi-

---

18  *Rua comercial à beira do rio Hudson, em Ulster.*

gisse, e "circular ao redor", como ela se expressa. Era uma vida que lhe convinha na época, desprovida de dificuldades ou terror, assim como de progresso; uma necessidade que ainda não havia se tornado um desejo. Em vez de melhorar neste lugar, moralmente ela retrocedeu. Seguindo o exemplo deles, aprendeu a praguejar; e foi aqui que ela disse seu primeiro palavrão. Depois de morar com eles por cerca de um ano e meio, ela foi vendida a um John J. Dumont, pela soma de setenta libras. Isso foi em 1810. O senhor Dumont vivia no mesmo município que seus antigos senhores, na cidade de New Paltz, e ela permaneceu com ele até pouco tempo antes de sua liberdade pelo Estado, em 1828.

## SUA POSIÇÃO PARA COM
## OS NOVOS SENHORES

Tivesse a senhora Dumont a veia da bondade e consideração pelos escravos, tão perceptível no caráter do marido, Isabella teria ficado mais confortável, ou o que se possa chamar de conforto na vida de um escravo. Senhor Dumont fora criado no seio da escravidão e, sendo naturalmente um homem de sentimentos gentis, tratava seus escravos com toda a consideração que ele dedicava a seus outros animais, talvez mais. Mas a senhora Dumont fora criada e educada numa família que não era proprietária de escravos, e como muitas outras, acostumada somente a trabalhadores que recebiam pagamento e, diante desse que é a mais estimulante das motivações humanas, se dispunham a empregar todas as sua energias no serviço. Assim, não tinha paciência com o andar rastejante, com a estupidez e nem via qualquer justificativa para as maneiras apáticas e os hábitos descuidados e desleixados dos pobres oprimidos, esquecendo-se completamente de que as motivações mais nobres e eficientes foram negadas aos escravos, e que o próprio intelecto deles havia sido deliberadamente esmagado para que não tivessem consciência de seu despojo e sua desesperança. A partir daí teve início uma longa série de provações na vida de nossa heroína, que devemos passar em silêncio; alguns por motivos de delicadeza e outros porque seu relato pode infligir dor imerecida a alguns que agora vivem, dos quais Isabella se lembra com estima e amor; portanto, o leitor não ficará surpreso se nossa narrativa parecer um pouco contida neste momento, e pode ter certeza de que não é por falta de fatos, pois os incidentes mais comoventes dessa parte de sua vida serão suprimidos por vários motivos.

Um incidente relativamente banal que ela deseja contar causou uma profunda impressão em sua mente na época — mostrando, como ela pensa, como Deus protege os inocentes e os faz triunfar sobre seus inimigos, e também como ela ficava entre o senhor e a senhora. Em sua família, a senhora Dumont empregava duas meninas brancas, uma das quais, chamada Kate, demonstrou disposição para "senhorar" Isabella e, em sua linguagem enfática, "reduzi-la a pó". Seu senhor muitas vezes protegia Isabella dos ataques e das acusações de outros, elogiando-a por sua prontidão e capacidade de trabalhar, e esses elogios pareciam estimular um espírito de hostilidade para com ela, nas mentes da senhora Dumont e de sua empregada branca, sendo que esta se aproveitava de todas as oportunidades para denunciar as falhas de Isabella, diminuí-la na estima de seu senhor e aumentar contra ela o descontentamento de sua senhora, que já era bastante. Seu senhor insistia que ela poderia trabalhar tanto quanto meia dúzia de pessoas comuns e fazer bem também; enquanto sua senhora insistia que a primeira afirmação era verdadeira, apenas porque recebia de Isabella o trabalho sempre pela metade. Essa diferença de opinião, exacerbou-se, chegando a um nível desconfortável, quando as batatas que Isabella havia cozinhado para o café da manhã assumiram uma aparência escura e suja. Sua senhora a culpou severamente, pedindo ao seu senhor que observasse "um belo exemplo do trabalho de Bell!", acrescentando: "é assim que todo o trabalho dela é feito." Seu senhor a repreendeu também desta vez e ordenou que ela fosse mais cuidadosa no futuro. Kate se uniu com gosto nas censuras e foi muito dura com ela. Isabella pensou que tinha feito tudo o que podia para que as batatas ficassem boas; ficou bastante angustiada com o aspecto delas, e se perguntou o que deveria ter feito para evitar aquilo.

Nesse dilema, Gertrude Dumont (a filha mais velha do senhor Dumont, uma menina de dez anos, boa e de coração gentil, que teve muita pena de Isabella), quando ouviu todos culpando-a com tanta insatisfação, aproximou-se, oferecendo empatia e socorro e, quando estava prestes a se deitar, naquela noite de humilhação para Isabella, chegou para ela e disse-lhe que, se a acordasse cedo na manhã seguinte, ela se levantaria e cuidaria de suas batatas enquanto ela (Isabella) iria à ordenha, e veriam se não podiam ter boas batatas, e não ter "papi", sua palavra para pai, e "mami", sua palavra para mãe, e todos eles repreendendo-a tão terrivelmente.

Isabella alegremente se valeu dessa bondade, que a tocou no coração em meio a tanta agressão. Quando Isabella havia colocado as batatas para ferver, Getty disse que cuidaria do fogo, enquanto Isabella ordenhava. Ela não estava sentada há muito tempo diante do fogo, em cumprimento ao prometido, quando Kate entrou e pediu a Gertrude que saísse da cozinha e fizesse algo para si, o que ela recusou, ainda mantendo seu posto no canto.

Enquanto estava lá, Kate veio varrendo próximo ao fogo, pegou um galho em brasa, levantou algumas cinzas com isso, e jogou-as no caldeirão. Agora o mistério foi resolvido, a trama foi descoberta! Kate estava trabalhando rápido demais para ganhar elogios de sua senhora, para mostrar que a senhora Dumont e ela estavam no lado certo da disputa e, consequentemente, para ganhar poder sobre Isabella. Sim, ela era bem rápida, tanto que havia esquecido a pequena figura da justiça, que estava sentada no canto, com balanças bem equilibradas, esperando para dar a sentença.

Mas havia chegado a hora em que ela não seria mais ignorada. Foi a vez de Getty falar agora. "Ó, papi! Ó, papi!" disse ela, "Kate colocou cinzas nas batatas! Eu a vi fazer isso! Olhe para aquelas que caíram do lado de fora do caldeirão! Agora você pode ver o que tornava as batatas tão escuras todas as manhãs, embora Bell as limpasse bem!". E repetiu sua história para todos os que chegavam, até que o engodo se tornou tão público quanto a reprimenda de Isabella tinha sido. Sua senhora ficou com um ar ausente e permaneceu muda; seu senhor murmurou algo que parecia muito com um palavrão; e a pobre Kate estava tão abatida quanto um criminoso condenado, que gostaria de fugir (agora que a sordidez foi exposta) para esconder seu orgulho mortificado e a profunda humilhação.

Foi um belo triunfo para Isabella e seu senhor, e ela se tornou mais ambiciosa do que nunca para agradá-lo; e ele estimulou a ambição dela por elogios e vangloriando-a com seus amigos, dizendo-lhes que "aquela mocinha", apontando para Isabella, "vale mais para mim do que um homem — pois de noite ela lava toda a roupa da família e de manhã vai para a lavoura e usa o arado e a poda melhor que meus peões". Sua ambição e seu desejo de agradar eram tão grandes que ela muitas vezes trabalhava várias noites seguidas, tirando apenas umas horinhas de sono, sentada na cadeira; e algumas noites ela não se permitia dormir, exceto quando podia descansar contra a parede, temendo que, se sentasse, dormiria por muito tempo. Esses sacrifícios extras para agradar, e os elogios resultantes deles, provocaram a inveja de seus companheiros escravos, e eles a tripudiavam por ser "a negrinha dos brancos". Por outro lado, Isabella recebia a grande confiança do senhor, e muitos pequenos favores que seriam inatingíveis de outra maneira. Perguntei se seu senhor Dumont alguma vez a chicoteara. Ela respondeu: "ah, sim, ele às vezes me chicoteava com força, embora nunca cruelmente. E o açoitamento mais severo que ele me deu foi porque eu fui cruel com um gato." Nessa época ela admirava seu senhor como a um deus; e acreditava que ele sabia e podia vê-la em todos os momentos, assim como o próprio Deus. E ela costumava confessar suas delinquências com a convicção de que ele já as conhecia, e que ela deveria se sentir melhor se confessasse voluntariamente: e se alguém falasse com ela sobre a injustiça de ser escrava, ela respondia com desdém, e imediatamente contava a seu senhor. Isabella acreditava firmemente que a escravidão era certa e honrosa. No entanto agora ela vê muito claramente a falsa posição em que todos estavam, senhores e escravos, e, ao olhar para trás com total espanto, vê o absurdo das afirmações, estabelecidas de modo tão arrogante pelos senhores, sobre seres que Deus pôs no mundo para serem tão livres quanto reis, e a perfeita estupidez do escravo ao admitir por um momento que sejam verdades tais afirmações.

Em obediência às instruções de sua mãe, Isabella se educou com tanto senso de honestidade que quando ela mesmo tornou-se mãe, às vezes chicoteava seu filho quando chorava por pão em vez de lhe dar um pedaço secretamente, porque não deveria aprender a pegar o que não era seu! E quem escreve agora essas linhas sabe, por observação pessoal, que os proprietários de escravos do sul sentem que é um dever religioso ensinar seus escravos a serem honestos e nunca aceitar o que não é deles! Ah, coerência, não és uma joia? No entanto Isabella se orgulha pelo fato de ser fiel e verdadeira ao seu senhor. Ela diz: "isso me fez fiel ao meu Deus", querendo dizer, que ajudou a formar nela um caráter que amava a verdade e odiava a mentira, e a livrou das amargas dores e medos que certamente seguem-se à mentira e à hipocrisia.

Enquanto avançava os anos, surgiu um vínculo entre ela e um escravo chamado Robert. Mas o senhor dele, um inglês chamado Catlin, ansioso para que nenhuma propriedade, além da sua, fosse melhorada pelo aumento do número de escravos, proibiu as visitas de Robert a Isabella e ordenou que ele tomasse como esposa uma de suas companheiras de trabalho. Não obstante essa interdição, Robert, seguindo suas inclinações, continuou suas visitas a Isabella, embora muito furtivamente, e, como ele acreditava, sem despertar a suspeita de seu senhor. Porém, numa tarde de sábado, ao ouvir que Isabella se encontrava doente, ele tomou a liberdade de ir vê-la. O primeiro indício que ela teve da visita foi o aparecimento do senhor Dumont, perguntando "se ela tinha visto Bob". Ao responder negativamente, ele lhe disse: "se você o vir, diga-lhe para tomar cuidado, porque os Catlin estão atrás dele." Quase naquele instante, Robert apareceu e as primeiras pessoas que ele encontrou lá foram seus senhores, o velho e o jovem. Estavam terrivelmente enfurecidos por encontrá-lo ali, e o mais velho começou a xingar e a pedir ao filho que "derrubasse o maldito malandro preto". Ao mesmo tempo, os dois caíram sobre ele como tigres, golpeando-o com as pontas pesadas de suas bengalas, deformando a cabeça e o rosto da maneira mais terrível, e fazendo com que o sangue que escorria de suas feridas o cobrisse como uma fera abatida, como o mais chocante espetáculo.

O senhor Dumont interpôs-se a essa altura, dizendo aos rufiões que eles não poderiam mais derramar sangue humano em suas dependências, que ele não admitiria "nenhum negro morto." Os Catlin então pegaram uma corda que haviam levado com eles para esse propósito e amarraram as mãos de Bob para trás, de uma maneira tão brutal que o senhor Dumont insistiu em afrouxar, declarando que nenhum animal deveria ser amarrado dessa maneira na sua presença. E quando o levaram embora, como o maior dos criminosos, o senhor Dumont os seguiu, como protetor de Robert; e quando voltou, foi gentilmente a "Bell", como ele a chamava, dizendo que achava que não mais o atacariam, já que a ira deles havia esfriado bastante antes que ele os deixasse. Isabella havia testemunhado essa cena na janela e ficou muito chocada com o tratamento torpe dado ao pobre Robert, a quem ela realmente amava, e cujo único crime, aos olhos de seus opressores, era o afeto por ela. Esse espancamento, e não sabemos o que mais houve depois, subjugou completamente o espírito de sua vítima, pois Robert não se aventurou mais a visitar Isabella, mas, como uma propriedade obediente e fiel, casou-se com alguém da casa de seu senhor. Robert não viveu muitos anos após sua última visita a Isabella, tendo partido para aquele país onde "eles não se casam nem são dados em casamento" e onde o opressor já não o poderia molestar.

# O CASAMENTO DE ISABELLA

Em seguida, Isabella foi esposada a um companheiro de escravidão chamado Thomas, que já havia tido duas esposas, uma das quais, se não ambas, fora arrancada dele e vendida para longe. É mais do que provável que ele não só foi autorizado, como também encorajado, a tomar outra esposa a cada venda sucessiva. Eu digo que isso é provável, porque a escritora aqui sabe, pela sua observação pessoal, que isso é costume entre os proprietários de escravos atualmente; e que em vinte meses de convivência entre eles, nunca soubemos de nenhum que tenha dito qualquer coisa contra tal prática. Quando nós censuramos severamente isso, o proprietário de escravos não tem nada a dizer e o escravo alega que, diante das circunstâncias, nada pode fazer.

Esse abominável estado das coisas era tolerado silenciosamente, para dizer o mínimo, pelos senhores de escravos, negue quem puder. E qual é a religião que sanciona, mesmo pelo silêncio, tudo o que é adotado nessa "instituição peculiar". Se houver alguma coisa mais diametralmente oposta à religião de Jesus que o funcionamento desse sistema de aniquilação de almas — que é tão sancionado pela religião da América quanto por seus ministros e suas igrejas — gostaríamos de saber o que é.

Havíamos dito que Isabella foi casada com Thomas — ela teve, como de costume na escravidão, a cerimônia realizada por um dos escravos, já que nenhum verdadeiro ministro de Cristo pode realizar, na presença de Deus, o que sabe ser uma mera farsa, um simulacro de casamento não reconhecido por qualquer lei civil e passível de ser anulado a qualquer momento, quando o interesse ou o capricho do senhor ordenar.

Com que sentimentos os senhores de escravos esperam que escutemos o execrável ponto de vista deles sobre esse tipo de união, pois eles estão bem cientes de que sabemos como eles encaram calma e silenciosamente o estado atual de licenciosidade que criaram com as leis perversas deles, não apenas no que diz respeito ao escravo, mas no que diz respeito à parcela mais privilegiada da população do sul?

A mim parece que os senhores de escravos encaram os vícios dos escravos, como se encarassem a disposição viciosa de seu cavalo. São muitas vezes um aborrecimento, mas, para além disso, não se incomodam em resolver a questão.

## ISABELLA COMO MÃE

Com o passar do tempo, Isabella se viu mãe de cinco filhos e se regozijou ao lhe permitirem ser o instrumento de crescimento da propriedade de seus opressores! Pense, caro leitor, sem corar, se puder, uma mãe assim voluntariamente, e com orgulho, colocando os próprios filhos, a "carne de sua carne", no altar da escravidão — um sacrifício ao sanguinário Moloque![19] Mas lembremos que seres capazes de tais sacrifícios não são consideradas mães; são apenas "coisas", "bens", "propriedade".

Porém desde aquele tempo o sujeito dessa narrativa avançou de um estado de propriedade de terceiros para o de uma mulher e uma mãe; e agora ela olha para trás, para seus pensamentos e seus sentimentos naquela época, em seu estado de ignorância e degradação, como

---

19 *Moloque, deus bíblico dos cananeus associado ao sacrifício de crianças.*

as imagens sombrias de um sonho agitado. Ora parece apenas uma ilusão assustadora; ora parece uma terrível realidade. Eu rogo a Deus que fosse apenas um pesadelo mítico, e não como é agora, uma realidade horrível para cerca de três milhões de seres humanos objetificados.

Já aludi ao seu cuidado de não ensinar seus filhos a roubar, seguindo o exemplo dela; e ela diz com gemidos que não podem ser escritos: "só Deus sabe quantas vezes deixei meus filhos passarem fome, em vez de pegar secretamente o pão que eu não gostava de pedir." Todos os pais que dão lições aos filhos, mas não praticam o que ensinam, deveriam aprender com o exemplo dela.

Outra prova da cordialidade de seu senhor é encontrada no seguinte fato. Se seu senhor entrasse em casa e encontrasse seu bebê chorando (já que ela nem sempre podia atender às necessidades da criança e às ordens de sua senhora ao mesmo tempo), ele se voltava para sua esposa com um olhar de reprovação e perguntava a ela por que não viu que a criança precisa de cuidados; dizendo, muito sinceramente: "não quero ouvir esse choro; não o suporto, e não ouvirei nenhuma criança chorando. Aqui, Bell, seu trabalho essa semana é cuidar dessa criança." E ele se certificava de que suas ordens fossem obedecidas sem contestação.

Quando Isabella ia ao campo trabalhar, costumava colocar seu bebê em uma cesta, amarrando uma corda a cada alça e suspendendo a cesta a um galho de uma árvore, enquanto outra criança pequena a balançava. Era, portanto, seguro contra répteis e mesmo uma criança jovem demais para outros trabalhos conseguia administrar e acalentar até dormir. Fiquei bastante impressionada com a engenhosidade desse acalentador de bebê, como também com a rede de balanço que a mãe nativa prepara para o bebê doente — aparentemente muito mais fácil do que tudo o que temos em nossos lares mais civilizados; mais fácil para a criança, porque ela faz o movimento sem o menor esforço; e mais fácil para a cuidadora, porque a rede é tão alta que substitui a necessidade de se inclinar.

## PROMESSAS DO PROPRIETÁRIO DE ESCRAVOS

Depois que a emancipação foi decretada pelo Estado, alguns anos antes do prazo fixado para que entrasse em vigor,[20] o senhor de Isabella disse-lhe que, se ela agisse direito, e lhe fosse fiel, daria a ela "papéis de liberdade", um ano antes de ela ser legalmente emancipada. No ano de 1826, Isabella tinha uma das mãos gravemente enferma, o que diminuía muito sua utilidade; mas na chegada de 4 de julho de 1827, a data definida para receber seus "papéis de liberdade", ela reivindicou o cumprimento da promessa de seu senhor; mas ele se recusou a conceder por conta (como alegou) do prejuízo que sofrera com a mão dela. Ela contestou, afirmando haver trabalhado o tempo todo e que fez muitas coisas que não era totalmente capaz de fazer, embora soubesse que estava sendo menos útil que antes; mas seu senhor

---

20   *A lei, de 1817, estabeleceu que os escravizados seriam libertos em 1828.*

permaneceu inflexível. Sua grande fidelidade provavelmente operava contra ela agora, e ele achou menos fácil do que pensava abrir mão dos lucros de sua fiel Bell, que há tanto tempo lhe prestara um serviço eficiente.

Mas Isabella determinou em seu íntimo que só permaneceria como propriedade dele até terminar de fiar a lã que ele lhe dera — cerca de cinquenta quilos. Depois ela o deixaria, ficando com o resto do tempo para si mesma.

"Ah!", ela diz, com uma ênfase que não pode ser escrita, "os donos de escravos são TERRÍVEIS por prometerem conceder a você isso ou aquilo, ou tal e tal privilégio, se você fizer isso e aquilo; e quando chega a hora do cumprimento, e se reivindica a promessa, eles, olha só, não se lembram de nada disso: e você é acusada de ser uma MENTIROSA; ou, na melhor das hipóteses, o escravo é acusado de não ter cumprido sua parte ou condição do contrato". "Ah!", disse ela, "algumas vezes eu sinto como se não pudesse aguentar mais. Pense em nós!, tão ansiosos por nossos prazeres, e tolos a ponto de nos enchermos de ilusões de que vamos conseguir o que foi justamente prometido; e quando achamos que está quase em nossas mãos, nos vemos completamente negados! Pense! Como poderíamos suportar isso? Charles Brodhead havia prometido a seu escravo Ned que, ao acabar a colheita, ele poderia ir ver sua esposa, que morava a umas vinte ou trinta milhas. Então Ned trabalhou dia e noite e, assim que a colheita foi totalmente concluída, ele reivindicou o benefício prometido. Seu senhor disse que ele apenas lhe dissera que veria se poderia ir quando a colheita terminasse; mas agora ele viu que não poderia ir. Mas Ned, que ainda acreditava na promessa, e na qual confiava plenamente, foi limpar seus sapatos. Seu senhor perguntou se ele pretendia ir e, ao ouvi-lo responder 'sim', pegou um pedaço de pau que estava perto dele e lhe deu um golpe tão forte na cabeça que quebrou seu crânio, matando-o na hora. Todos os pobres homens de cor sentiram-se atingidos pelo golpe". Ah!, e bem podem ter sentido. No entanto foi apenas uma de uma longa série de golpes sangrentos, e outros de mais efeitos, contra a liberdade e a vida deles[21]. Mas retornemos de nossa digressão:

Isabella deveria ter sido libertada em 4 de julho de 1827, mas ela continuou com seu senhor até que a lã fosse fiada, e o mais pesado dos "trabalhos do outono" se fechou, quando ela decidiu tomar sua liberdade pelas próprias mãos e procurar seu destino em outro lugar.

---

21   *Nenhuma notificação oficial foi feita sobre esse assassinato mais do que brutal.* [NO]

A FUGA

A pergunta em sua mente, e que não era fácil de resolver, agora era: "como posso fugir?" Assim, como era seu costume, ela "disse a Deus que tinha medo de ir à noite e durante o dia todo mundo a veria". Por fim, ela pensou que poderia sair um pouco antes do dia amanhecer e sair da vizinhança onde era conhecida antes que as pessoas estivessem acordadas. "Sim", disse ela fervorosamente, "esse é um bom pensamento! Obrigada, Deus, por esse pensamento!". Então, recebendo-o como vindo direto de Deus, ela agiu assim, e em uma bela manhã, um pouco antes do alvorecer, poderia ter sido vista se afastando furtivamente da parte de trás da casa do senhor Dumont, seu bebê em um braço e as roupas em outro; cujos volume e peso provavelmente nunca achou tão conveniente quanto naquela ocasião, uma trouxa de algodão contendo suas roupas e seus mantimentos.

Quando ela alcançou o cume de uma alta colina, a uma distância considerável de seu senhor, o sol a ofuscou ao despontar com todo o seu imaculado esplendor. Ela pensou que nunca estivera tão claro antes; de fato, ela achou claro demais. Parou para olhar e se certificar se seus seguidores já estavam à vista. Ninguém apareceu e, pela primeira vez, surgiu a questão sobre onde se instalar: "para onde e a quem devo ir?" Em todos os seus pensamentos de fuga, ela nunca se perguntou para onde deveria dirigir seus passos. Ela se sentou, alimentou seu bebê e, novamente, voltando seus pensamentos para Deus, seu único auxílio, ela rezou para que Ele a direcionasse para algum abrigo seguro. E logo ocorreu-lhe que havia um homem morando em algum lugar na direção que ela seguia, com o nome de Levi Rowe, a quem ela conhecera e quem, ela pensava, seria provavelmente amigável com ela. Ela assim seguiu pelo caminho até a casa dele, onde o encontrou pronto para acolhê-la e ajudá-la, embora ele estivesse então no seu leito de morte.

Ele pediu que ela desfrutasse da hospitalidade de sua casa, disse que conhecia dois bons lugares onde ela poderia ficar e pediu à esposa que lhe mostrasse onde seriam. Assim que avistou a primeira casa, ela se lembrou de ter visto a cidade e seus habitantes antes, e imediatamente exclamou: "esse é o lugar para mim; eu vou parar por lá.". Ela foi e descobriu que as boas pessoas da casa, o senhor e a senhora Van Wagener, estavam ausentes, mas foi gentilmente recebida e hospedada pela excelente mãe dele, até o retorno de seus filhos. Quando eles chegaram, ela lhes contou o seu caso. Eles ouviram a história dela, assegurando-lhe que nunca recusavam os necessitados e de bom grado lhe deram emprego.

Não fazia muito tempo que ela estava lá quando seu antigo senhor, Dumont, apareceu, como ela havia previsto; pois quando ela saiu "à francesa", resolveu não se afastar muito dele, e não lhe criou muitos obstáculos para procurá-la — porque tinha certeza que assim ele o faria —, como foi com Tom e Jack quando fugiram dele, não muito tempo atrás. Isso foi muita consideração da parte dela, para dizer o mínimo, e uma prova de que "gentileza gera gentileza". Ele muitas vezes tinha consideração pelos sentimentos dela, embora nem sempre, e ela retribuía igualmente.

Quando o senhor a viu, ele disse:

— Bem, Bell, então você fugiu de mim.

— Não, não fugi; fui embora à luz do dia, e tudo porque o senhor me prometeu um ano para mim.

Sua resposta foi: — você tem que voltar comigo.

A resposta decidida dela foi: — não, eu não voltarei com o senhor.

Ele disse: — bem, eu vou levar a criança.

Isso também foi firmemente negado.

O senhor Isaac S. Van Wagener então interpôs-se, dizendo que nunca havia praticado a compra e venda de escravos; ele não acreditava na escravidão; mas, em vez de Isabella ser levada de volta à força, ele compraria seus serviços pelo que restava de saldo no ano — pelo qual seu senhor cobrou vinte dólares, e mais cinco pela criança. A quantia foi paga e seu senhor Dumont partiu; mas não até ele ouvir o senhor Van Wagener dizer a ela para não chamá-lo de senhor — acrescentando: "há apenas um Senhor; e o seu Senhor é meu Senhor." Isabella perguntou como ela deveria chamá-lo. Ele respondeu: "me chame de Isaac Van Wagener, e minha esposa é Maria Van Wagener," Isabella não conseguia entender isso, e considerava uma mudança poderosa, pois vinha de um senhor cuja palavra era lei, para um simples Isaac S. Van Wagener, que não era senhor de ninguém. Com essas nobres pessoas, que ainda que não fossem senhores de escravos, eram sem dúvida uma parte da nobreza de Deus, ela residiu um ano, e deles ela incorporou o sobrenome Van Wagener; já que perante a lei ele foi-lhe seu último, e o sobrenome de um escravo é sempre o mesmo que o do seu senhor; isto é, se a ele for permitido ter outro nome que não seja Tom, Jack ou Guffin. Os escravos têm sido algumas vezes gravemente punidos por acrescentar o sobrenome de seu senhor. Mas ainda que não tenham um direito específico, esse não é um delito particular.

# A VENDA ILEGAL DE SEU FILHO

Um pouco antes de Isabella deixar seu antigo senhor, ele havia vendido o filho dela, um menino de cinco anos, a um doutor Gedney, que o levou com ele até a cidade de Nova York, a caminho da Inglaterra; contudo, achando o garoto pequeno demais para trabalhar para ele, enviou-o de volta a seu irmão, Salomon Gedney. Este homem o enviou para o marido de sua irmã, um rico plantador, com o nome de Fowler, que o levou para sua casa no Alabama.

Essa transação ilegal e fraudulenta havia sido perpetrada alguns meses antes que Isabella soubesse, pois agora morava com o senhor Van Wagener. A lei proibia expressamente a venda de qualquer escravo para fora do estado e decretava que todos os menores tornar-se-iam livres aos 21 anos de idade; e o senhor Dumont havia vendido Peter com o entendimento expresso de que ele logo retornaria ao estado de Nova York e seria emancipado cumprido o prazo previsto em lei.

Quando Isabella soube que seu filho havia sido vendido para o sul, ela imediatamente partiu a pé e sozinha para encontrar o homem que ousara, na cara da lei, dos homens e de Deus, vender seu filho para fora do Estado; e, se possível, levá-lo a prestar contas do feito.

Chegando a New Paltz, ela foi diretamente para sua antiga senhora, Dumont, reclamando amargamente do afastamento de seu filho. Sua senhora a ouviu, e então respondeu:

— Hum! Tanto alvoroço por causa de um negrinho! Você não tem outros como ele para cuidar e se preocupar, não? Uma pena, os negros não estarem todos na Guiné! Fazendo tanto tumulto na vizinhança... e tudo por um negro desprezível!

Isabella ouviu-a, e após um momento de hesitação, respondeu, em tom de profunda determinação

— Vou ter meu filho de volta.

— Ter seu filho de volta! — repetiu a senhora, seu tom cheio de desprezo e zombando da ideia absurda de tê-lo de volta. — E como vai consegui-lo? E com o que você iria sustentá-lo, se conseguir? Você tem algum dinheiro?

— Não — respondeu Bell —, não tenho dinheiro, mas Deus tem o suficiente, ou o que for melhor! E terei meu filho novamente.

Essas palavras foram pronunciadas da maneira mais lenta, solene e determinada. E por falar nisso, ela diz: "oh, meu Deus! Eu sabia que teria ele de novo. Eu tinha certeza de que Deus me ajudaria a consegui-lo. Então me senti tão gigante por dentro; senti como se o poder de uma nação estivesse comigo!"

As impressões deixadas por Isabella nos seus ouvintes, quando procedidas por sentimentos elevados ou profundos, nunca podem ser transmitidas para o papel (usando as palavras de outros) até que, por algum ato daguerriano,[22] pudéssemos transferir o olhar, os gestos, os tons de voz em conexão com as expressões descomedidas, mas adequadas, e a avassaladora emoção que, naquele momento, permeia tudo o que ela diz.

Depois de deixar sua senhora, ela foi ter com a senhora Gedney, mãe daquele que havia vendido seu filho; que, depois de ouvir suas lamentações, seu pesar misturado com indignação com a venda de seu filho, e sua declaração de que o teria de volta, disse:

— Minha cara! Que perturbação por causa do seu filho! Seu filho por um acaso é melhor que minha filha? Minha filha foi embora, e o seu foi morar com ela, para ter de tudo e ser tratado como um cavalheiro! — e então riu dos receios absurdos de Isabella.

— Sim — disse Isabella —, sua filha foi para lá, mas é casada, e meu filho foi como escravo, e ele é muito pequeno para se afastar tanto da mãe. Oh, eu preciso ter meu filho.

E aqui o riso contínuo da senhora G. pareceu a Isabella, neste momento de angústia e miséria, quase demoníaco.

E assim foi com a senhora Gedney que, naquela época, nem podia sonhar com o terrível destino que

---

22    Referência ao método fotográfico pioneiro criado por Louis Jacques Mandé Daguerre.

esperava sua filha amada, nas mãos daquele a quem ela escolheu como digno da riqueza de seu amor e confiança, e em cuja companhia seu jovem coração havia calculado uma felicidade mais pura e mais elevada que jamais havia sido conferida por uma coroa real. Mas, ai!, ela estava fadada à decepção, como relataremos pouco a pouco. Nesse ponto, Isabella sinceramente implorou a Deus que mostrasse aos que a cercavam que Ele viria em seu socorro; e ela acrescenta, narrando: "e Ele o fez; ou, se Ele não os mostrou; mostrou a mim."

# É SEMPRE ESCURO ANTES DO RAIAR DO SOL

Esse provérbio familiar pode ilustrar o caso de nossa sofredora; pois, na parte em que chegamos em nossa narrativa, para ela a escuridão parecia palpável e as águas da aflição cobriam sua alma; contudo, a luz estava prestes a surgir para ela.

Logo após as cenas relatadas em nosso último capítulo, que atormentaram sua alma em agonia, ela conheceu um homem (gostaríamos de lhe dizer quem, caro leitor, mas não seria nada pouco gentil com ele, mesmo atualmente), que evidentemente era solidário a ela, e a aconselhou a ir ter com os quakers,[23] dizendo que eles já estavam se sentindo indignados com a venda fraudulenta de seu filho e assegurando-lhe que a ajudariam prontamente e lhe indicariam o que fazer. Ele apontou para ela duas casas, onde moravam algumas dessas

---

23  *O grupo religioso dos quakers estava entre os primeiros brancos a denunciar a escravidão, liderando campanhas internacionais e ecumênicas abolicionistas.*

pessoas, que mais do que qualquer outra seita, talvez, viviam nos princípios do Evangelho de Cristo. Ela foi até onde eles moravam, foi ouvida, e mesmo desconhecida que era, com paciência logo ganhou a solidariedade e a cooperação ativa deles.

Deram-lhe alojamento para a noite; e é muito interessante ouvi-la contar sobre a "cama agradável, alta, limpa, branca e bonita" que destinaram para ela dormir, contrastando tão estranhamente com seus estrados anteriores, onde ela se sentou e admirou, completamente absorvida pela maravilha de que tal cama pudesse ser apropriada para alguém como ela. Por algum tempo, ela pensou que se deitaria sob a cama, como era sua forma habitual de dormir, sobre o chão. "Eu fiz isso mesmo", diz ela, rindo francamente da mulher que algum dia foi. No entanto ela finalmente decidiu fazer uso da cama, com receio de que se não fizesse poderia ferir os sentimentos de sua boa anfitriã. De manhã, um quaker cuidou para que ela fosse levada e deixada perto de Kingston, com instruções para ir ao tribunal e apresentar queixa ao grande júri.

Após uma pequena investigação, ela descobriu qual era o prédio que procurava, entrou pela porta e, ao encontrar o primeiro homem de aparência imponente, que parecia ser do grande júri, iniciou a queixa. Mas ele, muito civilizadamente, a informou de que não havia um grande júri lá; ela precisava subir as escadas. Quando ela venceu, com alguma dificuldade, os lances da escada lotados de gente, voltou-se de novo a um homem de aparência mais "grandiosa" que ela pôde achar, dizendo-lhe que tinha vindo apresentar uma queixa ao grande júri. Por mera curiosidade, ele a perguntou do que se tratava a queixa; mas, quando viu que era um assunto sério, disse-lhe: "este não é o lugar para apresentar uma queixa, entre lá", apontando em uma direção específica.

Ela então entrou, onde encontrou os jurados de fato sentados e começou a relatar seus problemas. Depois de manter uma conversa entre eles, um deles se levantou e, pedindo-lhe que o seguisse, abriu caminho para um escritório lateral, onde ouviu sua história e perguntou--lhe "se ela podia jurar que o menino de quem falava era filho dela". "Sim", ela respondeu, "juro que é meu filho". "Pare, pare!", disse o advogado, "você deve jurar sobre este livro", entregando-lhe um livro, que ela acha que deve ter sido a Bíblia. Ela pegou e, colocando-a nos lábios, começou novamente a jurar que era seu filho. Os funcionários, sem conseguir manter a solenidade, caíram em uma gargalhada estrondosa; e um deles perguntou ao advogado Chip do que serviria fazê-la jurar. "É o que a lei exige", respondeu o oficial. Ele então a fez compreender exatamente o que ele queria que ela fizesse, e ela fez um juramento legal, tanto quanto foi possível nessa cerimônia improvisada. Todos podem julgar até que ponto ela entendeu a essência e o significado daquele ato.

Ele agora lhe deu um mandado, instruindo-a que ela o levasse à polícia de New Paltz, para que eles entregassem a citação a Solomon Gedney. Ela obedeceu, caminhando, ou melhor, trotando, às pressas, cerca de oito ou nove milhas.

Mas enquanto o policial havia citado por engano um irmão do verdadeiro culpado, Solomon Gedney escapulia num barco e já tinha quase descido todo o rio North antes que o lento policial holandês se desse conta do seu erro. Enquanto isso, Solomon Gedney consultou um advogado, que o aconselhou a ir para o Alabama e trazer de volta o garoto; caso contrário, isso poderia custar--lhe catorze anos de prisão e mil dólares em dinheiro. A essa altura, esperava-se que ele tivesse começado a sentir que vender escravos ilegalmente não era um negócio tão bom quanto acreditava. Ele se escondeu até os devidos preparativos, e logo partiu para o Alabama. Barcos a vapor e ferrovias não haviam ainda encurtado tanto a distância como hoje e, embora ele tenha saído no outono daquele ano, a primavera chegou antes de ele voltar, trazendo o menino, mas mantendo-o como sua propriedade.

A oração de Isabella tinha sido não apenas para que seu filho retornasse, mas para que ele fosse libertado da escravidão e voltasse para seus braços, com receio de que o menino fosse punido por mero despeito por ela, que era tão incômoda e irritante aos seus opressores; e se seu pleito fosse atendido, seu triunfo aumentaria muito a irritação deles.

Ela novamente solicitou a ajuda do doutor Chip, cujo conselho foi que o supracitado policial entregasse o mandado anteriormente emitido à pessoa correta. Isso feito, logo levou Solomon Gedney a Kingston, onde ele deu como garantia do seu aparecimento na corte a soma de 600 dólares.

O doutor Chip depois informou à sua cliente, que a causa dela precisava agora esperar até a próxima sessão da Corte, alguns meses à frente. "A lei deve manter o seu curso", ele disse.

"O quê? Esperar outra sessão da Corte! Esperar meses?" disse a mãe perseverante. "Bem, muito antes desse tempo, ele pode sumir e levar meu filho com ele, ninguém sabe para onde! Eu não posso esperar; preciso tê-lo agora, enquanto ainda é possível." "Bem", disse o advogado, muito friamente, "se ele der cabo do menino, terá que pagar os 600 dólares, metade disso será seu"; supondo, talvez, que com trezentos dólares poderia comprar um "monte de filhos", na cara de uma escrava que nunca, em toda sua vida, teve um dólar para chamar de seu. Mas, nesse caso, ele estava enganado em sua avaliação.

Ela garantiu que não estava atrás de dinheiro, e que nem todo o dinheiro a satisfaria; era seu filho, e só seu filho que queria, e era ele o que teria. Ela não poderia esperar pela Corte, nem ele. O advogado usou todos os seus argumentos para convencê-la de que deveria ser muito grata pelo que eles haviam feito por ela; que era uma questão séria e que era muito razoável que esperasse pacientemente o prazo da Corte.

No entanto ela nunca sentiu, nem por um momento, como tendo sido influenciada por essas sugestões. Ela se sentiu confiante de que receberia uma resposta completa e literal à sua oração, cuja ênfase era: "ó, Senhor, entregue meu filho em minhas mãos, e rápido! Não permita que os espoliadores fiquem com ele por mais tempo." Não obstante ela viu muito claramente que aqueles que até então a ajudaram com tanta gentileza estavam cansados dela, e ela temia que Deus estivesse cansado também.

Pouco tempo antes, ela havia aprendido que Jesus era um Salvador e um intercessor; e pensou que, se Jesus pudesse ser levado a apelar por ela, Deus o ouviria, embora estivesse cansado de suas inconveniências. Para Ele, certamente, ela suplicou. Enquanto caminhava, sem saber para onde, perguntou para si mesma: "quem se mostrará bom e me ajudará nessa questão?" Foi abordada por um total desconhecido, do qual nunca soube o nome, nos seguintes termos: "olá, como está indo com o seu filho? Eles vão desistir e entregá-lo a você?"

Ela contou tudo a ele, acrescentando que agora todo mundo estava cansado e que ela não tinha ninguém para ajudá-la. Ele disse: "ouça, vou lhe dizer o que fazer. Vê aquela casa de pedra ali?", apontando em uma direção específica. "O advogado Demain mora lá, vá até ele e mostre seu caso. Acho que ele vai ajudá-la. Fique em cima dele. Não lhe dê paz até que ele a ajude. Tenho certeza de que, se pressioná-lo, ele fará isso por você." Ela não precisou mais ser convencida e trotou em sua marcha peculiar na direção da casa dele, o mais rápido o quanto pôde, e não se preocupou em calçar meias, sapatos ou qualquer outra peça de roupa pesada.

Quando lhe contou sua história de maneira apaixonada, ele olhou para ela por alguns instantes, como se quisesse verificar se estava contemplando uma nova variedade do gênero humano, e depois lhe disse que, se ela lhe desse cinco dólares, ele conseguiria o filho dela em vinte e quatro horas. "Como", ela respondeu, "não tenho dinheiro e nunca tive um dólar na minha vida!"

Disse ele: "se você for aos quakers em Poppletown, os que a levaram ao tribunal, eles irão ajudá-la com cinco dólares em dinheiro, não tenho dúvida; e terá seu filho em vinte e quatro horas, a partir do momento que me trouxer essa quantia." Ela fez a jornada até Poppletown, a uma distância de cerca de dez milhas, muito rapidamente; conseguindo mais do que a quantia especificada pelo advogado. Então, segurando firmemente o dinheiro com a mão, trotou de volta, e pagou o advogado com um valor superior ao que havia estipulado. Quando inquirida pelas pessoas porque teria dado mais dinheiro do que solicitado, ela respondeu: "ah, eu consegui isso para o advogado Demain, e dei para ele." Eles a chamaram de tola por ter feito isso; que ela deveria ter guardado o que ultrapasse os cinco dólares e comprado um sapato para ela. "Eu não quero dinheiro ou roupas agora, quero apenas o meu filho, e se cinco dólares podem trazê-lo, mais dinheiro o trará mais rápido ainda." E se o advogado tivesse devolvido o troco, ela garante que não teria aceitado. Estava absolutamente disposta a dar a ele qualquer moeda que ela pudesse obter se ele pudesse resgatar o filho perdido para ela. Além do mais, os cinco dólares que ele pediu foram para a remuneração dele, para que pudesse ir atrás do filho dela e do proprietário, não eram pelos seus serviços.

O advogado então renovou sua promessa de que ela teria o filho em vinte e quatro horas. Mas Isabella, sem ter ideia do espaço de tempo, foi diversas vezes ao longo do dia para se certificar se o filho havia chegado. Uma vez, quando a criada abriu a porta e a viu, disse, em um tom expressivo de muita surpresa: "de novo essa mulher!" Ela enfim tocou-se de que havia ido demasiadas vezes. Quando o advogado apareceu, ele contou que as vinte e quatro horas não expirariam até a manhã seguinte; se ela pudesse voltar nessa hora, poderia ver o filho. Na manhã seguinte Isabella estava à porta do advogado, enquanto ele ainda estava na cama. Ele agora a assegurou de que a manhã era até meio-dia; e que antes do meio-dia o filho dela estaria ali, por que ele havia enviado o famoso Matty Styles[24] atrás dele, que não falharia a ter o menino e o senhor nas mãos na época certa, morto ou vivo. Dizendo a ela que não precisava voltar; ele mesmo iria informá-la da chegada deles.

Depois do jantar, ele apareceu no Mr. Rutzer's (o lugar que o advogado indicara a Isabella para que aguardasse seu filho), assegurando-a de que o menino havia chegado; mas que ele negava firmemente ter uma mãe, ou algum parente, por lá; e disse que "ela precisava ir até lá para identificá-lo". Ela foi até o escritório, mas ao avistá-la o menino chorou alto, e a encarou como se ela fosse alguma coisa terrível, que estava querendo levá-lo embora de um amigo gentil e amável. Ele até ajoelhou e pediu a eles, com lágrimas, para não tirá-lo de seu amado senhor, que o havia trazido do sul, e que era tão gentil com ele.

Quando foi interrogado sobre a feia cicatriz na testa, ele disse: "o cavalo de Fowler deu-me um coice." E da

---

24 *Mathey Styles, agente de justiça da cidade de Kingston, considerado mais competente que o de New Paltz.*

que estava na bochecha: "eu dei um encontrão na carroça." Ao responder a essas perguntas, ele olhava suplicante para seu senhor, como se dissesse: "Se são mentiras, foi o senhor que me pediu para dizê-las; espero que satisfaçam o senhor, pelo menos."

A Justiça, quando soube que o menino reaparecera, pediu a ele para que esquecesse seu senhor e para responder por si mesmo. Mas o garoto insistiu em negar a mãe e em se agarrar ao senhor, dizendo que a mãe não morava em um lugar como aquele. No entanto, eles permitiram que a mãe identificasse seu filho; e o doutor Demain alegou que ele havia reivindicado o menino para ela, com base em que ele havia sido vendido para fora do estado, contrariamente ao que as leis previam para tais casos. Falou das multas incorridas ao referido crime e da soma de dinheiro que o réu deveria pagar, caso alguém escolhesse processá-lo pelo crime que cometera. Isabella, que estava sentada em um canto, mal ousando respirar, pensou consigo mesma: "se eu conseguir o meu filho, os trezentos dólares podem ficar para quem quiser processar, já criei inimigos o suficiente", e ela tremia ao pensar nos grandes inimigos que ela havia amealhado para si, indefesa e desprezada como era. Quando as alegações terminaram, Isabella ouviu o juiz proclamar, como sentença da Corte, que o "menino será entregue às mãos da mãe, não havendo outro senhor, outro controlador, nenhum outro condutor, além de sua mãe." A sentença foi acatada; ele foi entregue em suas mãos, enquanto o menino implorava piedosamente que não fosse levado de seu querido senhor, dizendo que ela não era sua mãe e que sua mãe não morava em um lugar como aquele. E demorou um bom tempo até que o advogado Demain, os oficiais de justiça e Isabella conseguissem, juntos, aplacar os temores da criança e convencê-la de que Isabella não era um monstro terrível, como ele havia sido provavelmente, nos últimos meses, treinado para acreditar; e de que, ao afastá-lo de seu senhor, ela não o estava tirando de todo bem e entregando-o a todo mal.

Quando, finalmente, as palavras amáveis e os bombons acalmaram seus medos, e ele conseguiu ouvir as explicações, disse a Isabella: "bem, você se parece com a mãe que eu costumava lembrar"; e ela logo conseguiu fazê-lo compreender algumas das obrigações a que ele era submetido, e as relações que ele mantinha, tanto com ela quanto com o senhor dele. Começou assim que possível a examinar o menino, e descobriu, para seu espanto absoluto, que, do alto da cabeça até a sola do pé, as calosidades e os machucados em todo o corpo eram muito assustadores de se ver. Suas costas, ela descreveu, eram como os dedos dela, lado a lado.

— Céus! O que é tudo isso? —disse Isabella.

Ele respondeu:

— É onde Fowler chicoteou, chutou e me bateu.

Ela exclamou:

— Oh, Senhor Jesus, olhe! Veja meu pobre filho! Oh Senhor, "dai-lhes em dobro" por tudo isso! Oh meu Deus! Pete, como você suportou isso?

— Oh, isso não é nada, mamãe. Se pudesse ver Phillis, acho que se assustaria! Ela teve um bebezinho e

Fowler a cortou até o leite e o sangue escorrerem pelo corpo. Você ficaria assustada em ver Phillis, mamãe.

Quando Isabella perguntou:

— O que dizia a srta. Eliza Fowler, Pete, quando você era tão maltratado?

Ele respondeu:

— Oh, mamãe, ela disse que desejava que eu estivesse com Bell. Às vezes eu rastejava para debaixo da varanda, mamãe, o sangue correndo todo sobre mim e minhas costas grudavam nas tábuas; e às vezes a srta. Eliza vinha e untava minhas feridas, quando todos estavam dormindo.

## Morte da senhora Eliza Fowler

Tão cedo quanto possível, ela conseguiu uma posição para Peter, como operador de comportas, em um lugar chamado Wahkendall, perto de Greenkills. Depois que isso ficou arranjado, ela visitou sua irmã Sophia, que residia em Newberg, e passou o inverno na casa de várias famílias diferentes que a conheciam. Isabella permaneceu algum tempo na família de certo senhor Latin, que era parente de Solomon Gedney. Este, ao encontrar Isabella na casa do primo, usou toda a sua influência para convencê-lo de que ela era uma grande encrenqueira e uma pessoa muito problemática; que ela lhe havia custado algumas centenas de dólares, inventando mentiras sobre ele, e especialmente sobre seu irmão e a família, com relação ao filho dela, que vivia como um cavalheiro com eles, portanto ele não aconselharia seus amigos a abrigá-la ou apoiá-la. Entretanto, seus primos, os Latin, não a viam com os mesmos sentimentos, e assim aquelas palavras pouco repercutiram neles, e a mantiveram no serviço enquanto tinham alguma coisa para ela fazer.

Em seguida, Isabella foi visitar seu antigo senhor, Dumont. Ela mal havia chegado lá, quando o senhor Fred Waring entrou e, vendo Isabella, a abordou alegremente, e perguntou-lhe o que ela estava fazendo atualmente. Ao responder "nada de especial", pediu que ela fosse até a casa dele e ajudasse sua família, pois alguns deles estavam doentes e precisavam de uma mão extra. Ela concordou com muito prazer. Quando o senhor Waring se retirou, o senhor dela quis saber por que ela queria ajudar as pessoas, que a chamavam de "o pior dos demônios" como o senhor Waring havia feito no tribunal, pois ele era o tio de Solomon Gedney e frequentou o julgamento que descrevemos e declarou "que ela era uma tola; ele não faria isso". "Oh", ela disse, "não me importava com isso, mas estava muito feliz por as pessoas terem esquecido sua raiva por ela." Ela continuou feliz demais ao sentir que o ressentimento deles havia passado e começou seu trabalho com o coração leve e uma vontade forte. Não fazia muito tempo que ela estava trabalhando com essa disposição, quando a jovem filha do senhor Waring irrompeu nos aposentos exclamando, com as mãos erguidas: "Deus do céu, Isabella! Fowler matou a prima Eliza!" "O quê?", disse Isabella, "Isso não é nada, se ele pudesse teria matado meu filho; nada está a salvo dele, só mesmo Deus", querendo dizer com isso que ela não ficou nem um pouco surpresa, porque um homem com coração tão duro para tratar uma mera criança, como a sua havia sido tratada, era, em sua opinião, mais diabo do que humano e preparado para cometer qualquer crime que seus impulsos o impelissem a fazer. Além disso, as crianças a informaram que uma carta havia chegado pelo correio trazendo a notícia.

Imediatamente após esse anúncio, Solomon Gedney e sua mãe entraram, indo direto para o quarto da senhora Waring, onde ela logo ouviu o tom de voz de alguém lendo. Ela sentiu algo lhe dizendo, interiormente: "suba as escadas e ouça!". A princípio, hesitou, mas isso pareceu pressioná-la ainda mais: "suba e ouça!" Ela subiu, por mais incomum que fosse os escravos deixarem o trabalho e entrarem sem serem chamados no quarto de sua senhora, com o único objetivo de ver ou ouvir o que poderia ser visto ou ouvido ali. Mas nessa ocasião, Isabella diz, andou até a porta, a fechou, colocou as costas contra ela e escutou. Ela ouviu quando eles leram: "ele a derrubou com um soco, pulou em cima com os joelhos, quebrou a clavícula e rompeu sua traqueia! Ele então tentou fugir, mas foi perseguido e detido, e colocado numa jaula por segurança! E os amigos foram solicitados a ir até lá e levar as pobres crianças inocentes que haviam ficado, dessa maneira, num curto espaço de tempo, mais do que órfãs."

Se essa narrativa chegar aos olhos daqueles que sofreram pela culpa de outra pessoa, que não sejam profundamente afetados pelo relato; mas, depositando sua confiança Nele, que vê o fim desde o princípio e controla os resultados, fique seguro na fé, que, embora possam sofrer fisicamente pelos pecados dos outros, se eles se mantiverem verdadeiros a si mesmos, seus interesses superiores e interesses mais duradouros nunca sofrerão por tal causa. Esse relato deveria ser suprimido em consideração a eles, se não fosse agora tão frequentemente negado que a escravidão está rapidamente minando toda a verdadeira consideração pela vida humana. Sabemos que esse único exemplo não é uma demonstração do contrário, mas, acrescentando essa às listas de tragédias que semanalmente chegam até nós pelos correios do sul, não podemos admiti-las como provas irrefutáveis? Os jornais confirmaram esse relato do terrível caso.

Quando Isabella ouviu a carta, parecia que todos estavam absorvidos demais nos seus pensamentos para notarem a presença dela, que retornou ao trabalho, o coração batendo rápido com as emoções conflitantes. Ela ficou aterrorizada com esse fato abominável; chorou pelo destino da querida Eliza, que havia de tal maneira injusta e bárbara sido interrompida nos cuidados e tarefas como uma mãe carinhosa, "e por fim, mas não menos importante", como era de seu caráter e espírito, seu coração sangrou pelos parentes aflitos; mesmo aqueles que "riram da sua calamidade e zombaram dos seus medos". Os pensamentos de Isabella permaneceram por muito tempo nesse acontecimento, e na incrível cadeia de eventos que havia conspirado para trazê-la aquele dia àquela casa, para ouvir aquele fragmento de informação; para aquela casa, onde ela nunca estivera antes, e nunca mais estaria, convidada por aquelas pessoas que haviam tão veementemente a atacado. Tudo parecia emanar da Providência divina. Ela pensou ter visto claramente que a perda anormal deles era um sopro de justiça retributiva; mas ela não achou em seu coração que deveria exultar ou se regozijar naquele momento. Ela sentiu como se Deus houvesse mais que respondido às suas súplicas, quando exclamou, na sua angústia e pensamento, "ó, Deus, dai-lhes em dobro!" Ela disse, "não ousei encontrar falhas em Deus, exatamente, mas a linguagem do meu coração era, 'ó, meu Deus! Aquilo foi demais! Eu não pedi por tanto, Deus!'" Isso foi um terrível golpe aos amigos da falecida; e a sua mãe egoísta (que, disse Isabella, "demonstrou indiferença pelo meu filho, não conscientemente, mas pela própria maneira de ser") ficou fora de si e caminhando de um lado para o outro, delirando, chamou em voz alta sua pobre filha assassinada: "Eliza! Eliza!"

O transtorno da senhora Gedney era assunto de boatos, pois Isabella não a viu depois do julgamento; mas ela não tem motivos para duvidar da verdade do que ouviu. Isabella nunca soube o destino subsequente de Fowler, mas ouviu, na primavera de 1849, que seus filhos foram vistos em Kingston, e que sua filha era tida como uma garota boa e interessante, embora uma aura de tristeza caísse como um véu sobre ela.

# A EXPERIÊNCIA RELIGIOSA DE ISABELLA

Vamos agora nos retirar da vida exterior e secular e voltar para a vida interior e espiritual da nossa protagonista. É sempre interessante e instrutivo rastrear os exercícios de uma mente humana atravessando as provações e os mistérios da vida, especialmente uma mente naturalmente poderosa, que só contou consigo mesma em sua formação e as influências fortuitas que encontrou pelo caminho; bem como observar a recepção daquela "verdadeira luz, que alumia a todo homem".[25]

Assistimos, à medida que o conhecimento surge, a verdade e a mentira se misturando estranhamente; aqui, um ponto brilhante iluminado pela verdade, e lá, outro, escurecido e distorcido pelo engano; e o estado de uma alma assim pode ser comparado a uma paisagem no início da madrugada, onde o sol é visto dourando soberbamente alguns objetos e fazendo com que outros façam sombras alongadas, distorcidas e às vezes hediondas.

---

25    *João 1:9.*

Sua mãe, como já dissemos, conversou com ela sobre Deus. Dessas conversas, sua mente incipiente chegou à conclusão de que Deus era "um grande homem"; muito superior a outros homens em poder; e estando localizado "no alto do céu", podia ver tudo o que acontecia na Terra. Ela acreditava que Ele não apenas via, como também anotava todas as suas ações em um grande livro, assim como seu senhor mantinha um registro de tudo o que ele não queria esquecer. Mas ela não tinha ideia de que Deus conhecia seus pensamentos até que ela tivesse proferido isso em voz alta.

Como mencionamos anteriormente, ela sempre teve em mente as determinações de sua mãe, revelando em detalhes todos os seus problemas diante de Deus, implorando e confiando firmemente Nele para que a redimisse. Ainda criança, ouviu a história de um soldado ferido, deixado para trás na trilha de um batalhão, desamparado e faminto, que endureceu o chão de tanto ajoelhar em suas súplicas para que Deus lhe trouxesse alívio, até que lhe foi finalmente concedido. A partir dessa narrativa, ela ficou profundamente impressionada com a ideia de que, se também apresentasse seus pleitos ao firmamento, falando muito alto, ela deveria ser ouvida prontamente; em consequência, ela procurou um local adequado para isso, seu santuário rural. O local que ela escolheu para oferecer suas orações diárias era uma pequena ilha em um riacho, coberta de grandes arbustos de salgueiro, sob os quais as ovelhas haviam feito suas agradáveis trilhas sinuosas; e abrigando-se dos raios abrasadores do sol do meio-dia, regalavam-se nas frescas sombras dos graciosos salgueiros, enquanto ouviam as pequenas corredeiras das águas prateadas. Era um lugar solitário, escolhido por ela por sua beleza, seu isolamento, e porque pensava que ali, no barulho daquelas águas, pudesse falar mais alto com Deus, sem ser ouvida por quem pudesse passar por aquele caminho. Quando escolheu seu santuário, na ponta da ilha onde as águas do riacho se reencontravam, ela o melhorou, afastando os galhos dos arbustos do centro e os tecendo para que formassem um muro, arranjando uma alcova circular arqueada, feita inteiramente do gracioso salgueiro. Para esse lugar, ela recorria diariamente e, em momentos de angústia, com mais frequência.

Naquela época, suas orações, ou mais apropriadamente "conversas com Deus" eram perfeitamente originais e únicas, e valeria a pena preservá-las, se fosse possível dar tons e trejeitos com as palavras; mas nenhuma ideia exata daquelas palavras pode ser escrita enquanto não houver forma de expressar seus tons e trejeitos.

Ela às vezes repetia: "Pai Nosso no céu", em seu baixo holandês, como sua mãe lhe ensinara; depois disso, tudo partia das ideias de sua mente ingênua. Relatou a Deus, em mínimos detalhes, todos os seus problemas e sofrimentos, indagando, enquanto prosseguia: "acha que está certo, Deus?". E terminava, implorando para ser libertada do mal, qualquer que fosse.

Conversava com Deus com uma familiaridade como se Ele fosse uma criatura como ela mesma; e mil vezes mais, como se ela estivesse na presença de algum soberano terreno. Ela pedia, usando de uma pequena reverência ou temor, que lhe atendesse todas as suas necessidades mais urgentes, e às vezes suas demandas quase soavam como ordens. Sentia como se Deus estivesse lhe devendo algo, muito mais do que ela a Ele. Na sua visão pura e ingênua, Deus lhe parecia de alguma maneira obrigado a atender suas solicitações.

Seu coração se encolhe agora, com muito pavor, quando ela se lembra daquelas conversas chocantes, quase blasfemas, com o grande Jeová. E, para o bem de si mesma, considerou que, diferentemente dos soberanos terrenos, Seu caráter infinito combinava um pai carinhoso com o onisciente e onipotente Criador do universo.

.Ela começou por prometer a Deus que se a ajudasse a se livrar de todas as dificuldades, ela o retribuiria sendo uma boa pessoa; e essa bondade ela entendeu como uma remuneração a Deus. Não conseguia pensar em nenhum benefício que poderia obter para si ou para seus semelhantes por levar uma vida de pureza e generoso autossacrifício pelo bem dos outros. Exceto no que dizia respeito a Deus, ela enxergava apenas penitência excruciante, sustentada por uma determinação exaustiva; e isso ela logo descobriria que era muito mais fácil prometer do que cumprir.

Os dias passaram, novas provações vieram, a ajuda de Deus foi invocada e as mesmas promessas repetidas; e cada noite Sua parte do contrato continuava descumprida. Ela agora começou a se desculpar, dizendo a Deus que não poderia ser boa nas atuais circunstâncias, mas se Ele lhe desse um novo lugar, e um bom senhor e senhora, ela poderia e seria boa. Estipulou que seria boa um dia para mostrar a Deus o quanto ela poderia ser boa o tempo todo, quando Ele a cercasse com as influências certas, e ela fosse livrada das tentações que tanto a desviavam. Mas — que pena! — quando a noite chegou, ela percebeu que havia cedido a todas as tentações e falhado inteiramente em manter sua palavra com Deus, tendo orado e prometido numa hora e no momento seguinte caído nos pecados da raiva e da profanação. A reflexão mortificante pesava em sua mente e embotava sua satisfação. Ainda assim, ela não deixou isso afundar seu coração, mas continuou repetindo suas demandas por ajuda e suas promessas de pagamento, com todo o coração, a cada momento em particular, que naquele dia não deixaria de manter a palavra empenhada.

Assim, a faísca interior perecia-se como uma chama que acabamos de acender e esperamos para ver se vai pegar fogo ou se extinguir, antes que a desejada mudança viesse, e ela se viu em um novo lugar, com uma boa senhora, alguém que não incitava o bondoso senhor a ser cruel com ela; em suma, um lugar onde ela não tinha nada a reclamar e onde, por um tempo, ela foi mais feliz do que poderia expressar. "Ah, tudo era tão agradável, gentil e bom, e tudo tão confortável. Tinha o bastante de tudo; realmente, foi lindo!", ela exclamou.

Lá, na casa do Sr. Van Wagener, como o leitor logo perceberá, ela estava tão feliz e satisfeita que Deus foi completamente esquecido. Por que seus pensamentos se voltariam para Ele, que só era conhecido por ela como uma ajuda para os problemas? Ela não tinha problemas agora; todas as suas orações foram respondidas a cada minuto em particular. Foi libertada de seus opressores e das tentações, seu filho mais novo foi entregue a ela e, quanto a suas outras crianças, sabia que não teria meios para sustentá-las se estivessem com ela, e estava resignada por deixá-las para trás. O pai deles, que era muito mais velho que Isabella, preferiu cumprir o tempo que lhe restava de escravidão do que seguir o caminho de problemas e perigos que ela seguiu, e se manteve próximo dos filhos, embora relativamente pouco pudesse fazer enquanto permanecessem na escravidão, e mesmo esse pouco, o escravo, como pessoas em todas as outras situações da vida, nem sempre está disposto a fazer. Há escravos que, copiando o egoísmo de seus superiores, na sua conduta em relação aos companheiros que são colocados sob a sua misericórdia, por fraqueza ou doença, permitem que sofram por falta dessa gentileza e desse cuidado que poderiam muito bem oferecer a eles.

Aos escravos deste país já foi autorizado celebrar a principal festividade observada pelos católicos e pela Igreja da Inglaterra, assim como já têm direito a alguns dias santos e feriados; muitos deles não são obrigados a prestar serviços por vários dias, e no Natal eles têm, quase universalmente, uma semana inteira para si mesmos, exceto, talvez, o cumprimento de alguns deveres, que são absolutamente necessários para o conforto das famílias às quais pertencem. Se forem requisitados a prestar mais serviços, são contratados para fazê-los e pagos como se fossem livres. Os mais sensatos passam esses feriados ganhando um pouco de dinheiro. A maioria visita e participa de festas e bailes, e não poucos são os que passam na mais baixa licenciosidade. Esse descanso do trabalho é concedido por todos os religiosos, seja qual for a crença, e provavelmente se originou do fato de que muitos dos primeiros proprietários de escravos eram membros da Igreja Anglicana.

Frederick Douglass,[26] que dedicou seu grande coração e seus nobres talentos inteiramente à promoção da causa de sua raça oprimida, disse:

> *pelo que sei do efeito dos feriados deles sobre o escravo, acredito que estejam entre os meios mais eficazes, nas mãos do proprietário de escravos, para manter baixo o espírito de insurreição. Se os donos de escravos abandonassem imediatamente essa prática, não tenho a menor dúvida de que isso levaria a uma insurreição imediata entre os escravos. Esses feriados servem como condutores, ou válvulas de segurança, para extravasar o espírito rebelde da humanidade escravizada. Não fosse por esses feriados, o escravo seria forçado ao desespero mais selvagem; e ai do dono do escravo o dia em que ele se arriscar a remover ou dificultar o funcionamento desses condutores! Eu alerto que, nesse caso, um espírito surgirá no meio deles, que será mais temível que o mais apavorante terremoto.*

Quando Isabella já estava na casa do senhor Van Wagener há alguns meses, ficou animada com a perspectiva de um feriado que estava para chegar. Ela o conhece apenas com o nome holandês "Pingster", como ela o chama, mas acho que se tratava do Pentecostes. Ela

---

26   *Abolicionista norte-americano, filho de pai branco e negra escravizada, foi cativo e tornou-se proeminente defensor da liberdade e da igualdade entre as raças e também entre homens e mulheres.*

diz que "lembrou-se do Egito"[27] e que tudo parecia "tão agradável lá", ao recordar de todos os seus antigos companheiros desfrutando da liberdade por pelo menos um curto espaço de tempo, bem como seus amigos, e em seu coração ela desejava estar com eles. Com esse quadro na mente, ela comparou a vida tranquila e pacífica que estava vivendo com as pessoas excelentes de Wahkendall, tão plácida e livre de incidentes, que o próprio contraste serviu apenas para aumentar seu desejo de retornar para, pelo menos mais uma vez, apreciar com os ex-companheiros as festividades que estavam por vir. Esses sentimentos ocuparam um canto secreto de seu peito por algum tempo, até que, certa manhã, ela disse à senhora Van Wagener que seu antigo senhor Dumont chegaria naquele dia e que ela retornaria para casa com ele quando ele voltasse. Eles expressaram alguma surpresa e perguntaram onde ela havia obtido essas informações. Ela respondeu que ninguém havia lhe contado, mas sentiu que ele viria.

Isso parecia ser um daqueles "eventos que lançam sua sombra antes de chegar", pois antes do anoitecer, o senhor Dumont lá apareceu. Ela o informou da intenção de o acompanhar de volta à casa. Ele respondeu, com um sorriso, "não vou levá-la de volta novamente, você fugiu de mim". Achando que os gestos dele contradiziam

---

27    O Pentecostes marca o dia em que o Espírito Santo baixou sobre os apóstolos, sete semanas após a Ressurreição. A menção ao Egito e a importância do Pentecostes para os escravizados vêm da cerimônia judaica do Shavuot, que os apóstolos comemoravam aquele dia, que celebra a formação de uma nação pelos escravos israelitas libertos.

suas palavras, ela não sentiu rejeição, então se aprontou com seu filho; e quando seu antigo senhor sentou-se na diligência, ela caminhou em sua direção, pretendendo sentar-se com sua criança na parte traseira e ir com ele. Mas, antes de chegar no veículo, ela diz que Deus revelou-se a ela, tal qual um súbito clarão, um relâmpago, mostrando-lhe "num piscar de olhos, que Ele estava em todo lugar", que "Ele permeava o universo" e que "não havia lugar onde Deus não estivesse". Ela instantaneamente deu-se conta de seu grande pecado em esquecer seu Todo-Poderoso amigo e "auxílio sempre presente em tempos de angústia". Todas as suas promessas não cumpridas surgiram diante dela, como um mar revolto com ondas da altura de montanhas; e sua alma, que parecia apenas uma grande mistura de mentiras, recuou horrorizada com o "olhar tenebroso" daquele com quem ela costumava conversar, como se ele tivesse sido uma criatura como ela; e ela ficou com vontade de se esconder nas entranhas da Terra para escapar da sua temível presença. Mas ela viu claramente que não havia lugar, nem mesmo no inferno, onde Ele não estivesse — e para onde ela poderia fugir? Se recebesse mais uma "encarada", como ela expressou, sentiu que se extinguiria para sempre, como se alguém, com um sopro, "apagasse uma vela", de modo que nenhuma faísca restasse.

Um pavor terrível de aniquilação agora tomava conta, e ela esperou para ver se, com outra "encarada", ela seria apagada da existência, assim como o fogo lambe o óleo com o qual entra em contato.

Quando finalmente a segunda "encarada" não veio, e sua atenção voltou-se novamente para as coisas exteriores, ela observou que seu senhor havia partido. Exclamando em voz alta: "ó, Deus, eu não sabia que era tão grande", entrou na casa, e fez um esforço para retomar seu trabalho. Mas as maquinações internas absorviam demais a sua atenção e não a deixavam concentrar-se nas suas tarefas. Ela desejava falar a Deus, mas se sentia vil demais para fazê-lo, e não era capaz de proferir uma súplica.

"O quê?!" disse ela, "devo mentir novamente a Deus? Eu não lhe disse nada além de mentiras. Devo então falar outra vez e contar outra mentira a Deus?". Ela não foi capaz, e agora começou a desejar que alguém falasse a Deus por ela. Então um espaço parecia se abrir entre ela e Deus, e ela sentiu que se alguém que fosse digno aos olhos do céu apelasse por ela, e não deixasse que Deus soubesse que isso vinha dela, que era tão indigna, Deus poderia conceder isso. Por fim, um amigo surgiu para fazer a mediação entre ela e a divindade insultada, e ela sentiu-se tão sensivelmente revigorada como se, em um dia de muito calor, alguém houvesse aberto uma sombrinha protegendo sua cabeça escaldante do sol ardente. Mas "quem seria esse amigo?" tornou-se a próxima interrogação. Seria a Deencia, que tantas vezes lhe fora amiga? Olhou para ela, com seu novo poder de visão, e ah! ela também parecia toda "feita de machucados e feridas putrefeitas", assim como Isabella. Não, tinha que ser alguém muito diferente de Deencia.

"Quem é você?", exclamou, assim que a visão clareou e assumiu uma forma distinta, irradiando com a beleza da santidade, e resplandecendo com amor. Ela disse, em alto e bom som, dirigindo-se ao misterioso visitante:

"eu o conheço, mas não o conheço". Querendo dizer: "você me parece perfeitamente familiar; eu sinto que você não apenas me ama, mas que sempre me amou, mas ainda assim eu não o conheço e não sei dizer o seu nome.". Quando ela disse, "eu o conheço", o sujeito da visão permanecia distinto e plácido. Quando ela disse "eu não o conheço", ele moveu-se irrequieto, como águas agitadas. Assim, quando ela repetia, sem intervalos, "eu o conheço, eu não o conheço", era para que a visão não fosse embora e "quem é você?" era o apelo do seu coração, e toda sua alma estava numa oração profunda para que esse personagem celestial se revelasse e permanecesse com ela. Por fim, depois de contorcer a alma e o corpo com a intensidade desse desejo, até que a respiração e a força parecessem falhar e ela não conseguisse mais manter sua posição, uma resposta veio, dizendo claramente: "É Jesus". "Sim", respondeu ela, "é *Jesus*".

Antes desses exercícios mentais, ela ouvira o nome de Jesus ser mencionado na leitura ou em discurso, mas ficou com a impressão de que era apenas outro homem eminente, como Washington ou Lafayette. Mas Ele aparecia no seu êxtase mental de modo tão suave, tão bom e adorável, em todas as maneiras e que tanto a amava! E, que estranho, Ele sempre a amara, e ela nunca soubera disso! E que grande foi a bênção que ele deu ao se colocar de intermediário entre ela e Deus! E Deus então já não era um terror e um medo para ela.

Isabella não parou para pensar sobre a questão, mesmo em sua mente, se Ele a reconciliara com Deus, ou Deus com ela, (embora ela pense que foi o primeiro), mas estava feliz demais porque Deus não lhe era mais um fogo que a consumia, e Jesus era "completamente amável". Seu coração agora estava cheio de prazer e alegria, assim como havia sido de terror em momentos de desespero. À luz de sua grande felicidade, o mundo estava coberto de uma nova beleza, o próprio ar brilhava como diamantes e com um perfume do céu. Ela ponderou as barreiras intransponíveis que existiam entre ela e a grandeza deste mundo, e fez comparações surpreendentes entre as duas partes, e a união existente entre ela e Jesus — Jesus, transcendentalmente amável, assim como grande e poderoso; pois assim Ele se apresentou a ela, embora Sua aparência fosse a de um humano; e ela olhava para Sua imagem corpórea, sentindo que o reconheceria se o visse; e quando Ele chegasse, iria morar com Ele, como se fosse um amigo querido.

Não lhe foi dado ver que Ele amava qualquer outro; e ela pensou que se outros o conhecessem e o amassem, como ela fez, teria de ser deixada de lado e esquecida, sendo ela uma pobre e ignorante escrava, com poucos méritos para que Ele a notasse. E quando ela ouviu falarem sobre Ele, disse mentalmente: "o quê? Outras pessoas conhecem Jesus! Pensei que ninguém conhecesse Jesus além de mim!" e sentiu uma espécie de ciúme, para não ser roubada do seu tesouro recém-descoberto.

Ela imaginou, um dia, enquanto escutava uma leitura, que havia ouvido alguém dizer que Jesus era casado e perguntou apressadamente se Jesus tinha uma esposa. "O quê?" disse o orador. "Deus tem esposa? Jesus é Deus?" perguntou Isabella. "Sim, tenha certeza de que Ele é", foi a resposta. A partir desse momento, suas concepções de Jesus tornaram-se mais elevadas e espirituais, e às vezes falava Dele como Deus, de acordo com os ensinamentos que havia recebido.

Mas quando lhe contaram que o mundo cristão estava dividido sobre a questão da natureza de Cristo — alguns acreditando que Ele era igual ao Pai, por ser Deus dentro e fora, "Deus verdadeiro de Deus verdadeiro";[28] alguns, que Ele é o "bem-amado", "Filho único de Deus"; e outros, que Ele é, ou melhor, foi, apenas um homem comum — ela disse: "disso eu apenas sei o que vi. Eu não o vi como Deus; senão, como poderia ficar entre mim e Deus? Eu o vi como um amigo, ficando entre mim e Deus, através de quem o amor fluía como de uma fonte." Agora, longe de expressar suas opiniões sobre o caráter e o dever de Cristo, de acordo com qualquer sistema de teologia existente, ela diz que acredita que Jesus é o mesmo espírito que estava em nossos primeiros pais, Adão e Eva, no começo, quando eles vieram da mão de seu Criador. Quando pecaram por desobediência, esse espírito puro os abandonou e fugiu para o céu, onde permaneceu, até que voltou na pessoa de Jesus; e que, antes de uma união pessoal com Ele, o homem é apenas um bruto, possuindo somente o espírito de um animal.

Isabella afirma que nas horas mais sombrias não tinha medo de um inferno pior do que aquele que ela carregava no peito, embora tenha lhe sido pintado em suas

---

28    *Católicos acreditam na Trindade: que Deus, Jesus e Espírito Santo formam uma só entidade; pentecostais e adventistas, creem no caráter divino de Deus apenas, sendo Jesus seu "bem-amado filho".*

cores mais profundas e a ameaçado por todos os seus delitos. Sua vilania e a santidade de Deus na Sua onipresença, que a preenchia e a ameaçava com a constante aniquilação, compunham o fardo da sua visão de terror. Sua fé na oração é igual à sua fé no amor de Jesus. Sua linguagem é: "que os outros digam o que quiserem da eficácia da oração, eu acredito nela e eu orarei. Graças a Deus! Sim, eu sempre vou orar", ela exclama, juntando as mãos com grande entusiasmo.

Por algum tempo depois dessa feliz mudança da qual falamos, as orações de Isabella mantiveram-se na maior parte como eram anteriormente; e ainda que na profunda aflição ela batalhasse para reaver o filho, orava com constância e com fervor; e o seguinte pode ser dado como exemplo: "ó, Deus, o Senhor sabe quanto eu sou angustiada, por isso tenho falado ao Senhor tantas e tantas vezes. Agora, Deus, ajude-me a conseguir meu filho. Se o Senhor estiver com dificuldades, como eu estou, e eu puder ajudá-lo, como o Senhor pode me ajudar, por que eu não o ajudaria? Sim, Deus, o Senhor sabe que eu o ajudaria. Ó, Deus, o Senhor sabe que não tenho nenhum dinheiro, mas pode fazer com que as pessoas me ajudem, tem que fazer com que as pessoas me ajudem. Eu não lhe darei paz até que o faça, Deus." "Ó, Deus, faça com que as pessoas me ouçam, não deixe que elas deem as costas sem me ouvir e sem me ajudar." E ela não tinha a menor dúvida de que Deus a ouvia e especialmente manipulava o coração dos inconscientes oficiais de justiça, advogados eminentes e solenes juízes e outros — que para ela pareciam inalcançáveis — para que ouvissem seu caso com atenção paciente e respeitosa dando-lhe tudo que necessitasse de auxílio. Sentir-se insignificante aos olhos daqueles a quem ela pleiteava por seus direitos parecia-lhe como um grande peso, que apenas sua confiança inabalável no poder que ela acreditava ser mais forte que todos os outros combinados poderia erguê-la do seu ânimo, que a afundava. "Ah, como eu me senti pequena", repetia, de maneira enfática. Nem você me notaria, se pudesse me ver, na minha ignorância e miséria, trotando pelas ruas, mal vestida, de cabeça descoberta e descalça. Ó, só Deus poderia ter feito essas pessoas me ouvirem; e ele fez isso em resposta às minhas orações." E essa perfeita confiança, baseada na rocha da divindade, era uma fortaleza protetora da alma, que, elevando-a acima das barricadas do medo e protegendo-a das maquinações do inimigo, a impulsionou adiante na luta, até que o inimigo foi vencido e a vitória alcançada.

Agora temos Isabella, sua filha mais nova e seu filho na posse de, pelo menos, sua liberdade ao menos no papel. Já foi dito que a liberdade da maior parte das pessoas de cor emancipadas neste país é apenas nominal; ainda que restrita e limitada é, na melhor das hipóteses, um enorme livramento da escravidão. Esse fato é questionável, eu sei, mas não tenho confiança na honestidade de tais questionamentos. Se são feitos com sinceridade, não posso respeitar quem julgou assim.

Seu marido, com idade avançada e saúde debilitada, foi alforriado, junto dos escravos adultos remanescentes do Estado, de acordo com a lei, no verão seguinte, em 4 de julho de 1828.

Por alguns anos após esse evento, ele conseguiu ganhar a vida a duras penas e, quando não conseguiu, ficou dependente da "fria caridade do mundo" e morreu em um abrigo. Isabella tinha a si mesma e dois filhos para sustentar; o salário era insignificante, pois naquela época os salários das mulheres era pouco mais do que nada; e ela, sem dúvida, teve que aprender os primeiros elementos da economia doméstica, pois como poderiam os escravos, a quem nunca foi permitido fazer estipêndios ou cálculos para si mesmos, possuir uma ideia adequada do valor real do tempo ou, de fato, de qualquer coisa material no universo?

Para tal, "parcimônia" não tem sentido e "poupar" é uma palavra risível. É claro que estava fora de suas possibilidades fazer para ela um lar, no qual ela pudesse reunir sua família, à medida que eles gradualmente emergiam de seu cativeiro; um lar, onde ela pudesse cultivar sua afeição, cuidar de suas carências e incutir nas mentes de seus filhos os princípios da virtude, do amor pela pureza, verdade e benevolência, que devem sempre formar o fundamento de uma vida construtiva e feliz. Não, tudo isso estava muito além das suas possibilidades ou dos seus recursos; e deve ser levado em consideração sempre que uma comparação for instituída entre o progresso feito por seus filhos em relação à virtude e à bondade e o progresso daqueles que foram criados no calor agradável de uma casa ensolarada, onde boas influências se aglomeram, e os maus são cuidadosamente excluídos onde "mandamento sobre mandamento e regra sobre regra"[29] são diariamente trazidos para suas tarefas cotidianas; e onde, em suma, tudo que é solicitado é fornecido por pais abnegados que tudo fazem para cumprir o maior objetivo da vida dos pais: proporcionar o bem-estar de seus filhos. Mas Deus não permita que essa sugestão possa ser arrancada de sua intenção original e feita para proteger qualquer pessoa da repreensão merecida! Os filhos de Isabella agora têm idade para distinguir o bem do mal e podem facilmente se informar sobre qualquer ponto em que ainda estejam em dúvida. Se eles agora se deixarem levar pela tentação, pelos caminhos do destruidor, estarão se esquecendo do que devem à mãe que fez e sofreu tanto por eles e que agora está descendo no vale dos anos. Ela sente que sua saúde e a força estão em declínio, e olha para eles agora em busca de ajuda e conforto, tão instintivamente quanto a criança dirige seu olhar confiante para seus pais afeiçoados, quando procura por socorro ou compaixão pois agora é a vez deles trabalharem e suportarem os encargos da vida, porque todos têm sua vez de carregá-los, já que a roda da vida segue girando. Se, digamos, eles se esquecerem disso, de seus deveres e de sua felicidade, e seguirem o caminho oposto, do pecado e da folia, perderão o respeito dos sábios e dos bons e descobrirão, quando for tarde demais, que "o caminho dos prevaricadores é áspero".[30]

---

29   *Isaías, 28:10.*

30   *Provérbios 13:15.*

# Novas provações

Os leitores irão perdoar essa homilia passada enquanto retornamos à nossa narrativa.

Estávamos dizendo que os dias de devaneios de Isabella e de seu marido, os planos que tinham e os confortos que sonhavam ter quando obtivessem a liberdade, o pequeno lar só deles, tudo isso virou fumaça com o adiamento de sua liberdade para uma data mais tardia. Essas esperanças ilusórias nunca seriam realizadas, e um novo conjunto de provações foi gradualmente se abrindo diante dela. Essas foram as dolorosas provas de cuidar de seus filhos, dispersos e expostos às tentações do adversário, com poucos, ou nenhum, princípios firmes para sustentá-los.

"Ah", ela diz, "como eu sabia pouco sobre a melhor maneira de instruí-los e aconselhá-los! No entanto fiz o melhor que pude quando estava com eles. Levei-os para as reuniões religiosas; conversei e orei por eles e com eles; quando eles erravam, eu os repreendia e chicoteava".

Isabella e o filho já eram livres há cerca de um ano quando foram morar na cidade de Nova York; um lugar que ela indubitavelmente teria evitado se tivesse previsto o que estava reservado a ela, pois essa visão do futuro a ensinaria o que ela só aprendeu por amarga experiência: que as influências desagradáveis que vinham dessa cidade não eram os maiores estímulos para a educação, começando pela educação que os filhos tiveram.

Seu filho Peter estava, à época em que tratamos, exatamente naquela idade em que nenhum rapaz deveria ser submetido às tentações de tal lugar, sem proteção que não fosse o frágil braço de sua mãe, ela mesma uma criada ali. Crescia e tornava-se um rapaz alto, bem formado, ativo, de percepções rápidas, suave e alegre de caráter, com muita coisa pela frente, generosidade e vitória, mas com pouco poder para resistir à tentação e talentosa disposição para prover-se de caminhos e meios para realizar seus desejos e esconder de sua mãe e dos amigos dela, tudo o que eles não aprovariam. Como demonstraremos a seguir, ele logo foi atraído para um círculo de pessoas que não melhoraram nem seus hábitos nem seus costumes.

Dois anos se passaram antes que Isabella soubesse que caráter Peter estava estabelecendo para si mesmo entre seus camaradas vis e inúteis, fazendo-se passar sob o nome falso de Peter Williams. Ela começava a sentir um orgulho materno na aparência promissora de seu único filho, mas, infelizmente, esse orgulho e esse prazer logo se dissiparam, à medida que fatos angustiantes relativos a ele chegavam aos seus ouvidos atônitos. Uma amiga de Isabella — uma senhora a quem muito agradava o bom humor e a esperteza de Peter, sobre quem havia dito "era tão inteligente que tinha que ter educação, se alguém tinha que ter era ele" — pagou dez dólares para que ele frequentasse uma escola de navegação. Mas Peter, pouco inclinado a passar suas horas de lazer nos estudos, quando poderia estar se divertindo na dança, ou de outra forma, com seus companheiros de farra, dava sempre desculpas plausíveis ao professor, que as recebia como genuínas, assim como recebia os dez dólares da senhora. Enquanto sua mãe e a amiga acreditavam que ele estava se desenvolvendo na escola, ele estava, para a tristeza delas, se desenvolvendo em um lugar ou lugares muito diferentes, e com princípios inteiramente opostos. Elas também conseguiram para ele uma excelente posição como cocheiro. Mas, como ele queria dinheiro, vendeu seu libré e outras coisas que eram propriedade de seu patrão, o qual, por ter alguma estima por ele, levou em consideração sua juventude e impediu que a lei caísse com todo o seu rigor, sobre sua cabeça. Ainda assim, Peter continuou abusando de seus privilégios e se envolvendo em repetidas atribulações, das quais sua mãe muitas vezes o resgatava.

A cada ocasião ela falava muito, argumentava e protestava com ele que, com perfeita franqueza, abria toda a sua alma para ela, dizendo-lhe que nunca pretendera fazer mal, e que tinha sido conduzido, pouco a pouco, até que, antes que percebesse, se visse em apuros como ele tentara ser bom e, quando estava para ser, "o mal estava presente nele", e não sabia como.

Sua mãe, começando a achar que a cidade não era lugar para ele, pediu que fosse para o mar e o teria enviado a bordo de um navio de guerra, mas Peter não estava disposto a concordar com essa proposta enquanto a cidade e seus prazeres estivessem acessíveis a ele. Isabella agora se tornou presa de medos angustiantes, temendo que no dia ou na hora seguintes chegassem cheios de relatos de algum crime terrível, cometido ou incentivado por seu filho. Ela agradece ao Senhor por poupá-la dessa tristeza gigantesca, pois todos os seus malfeitos nunca superararam, aos olhos da lei, o nível da mera contravenção. Mas como ela não conseguisse ver nenhuma melhora em Peter, como último recurso resolveu deixá-lo sem ajuda, por um tempo, para suportar a penalidade de sua conduta e ver que efeito isso teria sobre ele. Na hora do julgamento, ela permaneceu firme em sua resolução. Peter novamente caiu nas mãos da polícia e chamou sua mãe, como sempre, mas ela não correu para socorrê-lo. No seu desespero, ele chamou Peter Williams, um respeitável barbeiro de cor, cujo nome ele estava usando e que às vezes ajudava jovens culpados a se livrarem de seus problemas, e os afastava dos perigos da cidade, ao embarcá-los em navios baleeiros.

A curiosidade desse homem foi despertada pelo fato de o réu usar o seu nome. Ele foi à detenção e investigou o caso, mas não podia acreditar quando Peter lhe contou a respeito de sua mãe e da família. No entanto ele o resgatou e Peter prometeu deixar Nova York em um navio que iria zarpar dentro de uma semana. Peter foi ver sua mãe e a informou do que havia acontecido. Ela ouviu incrédula, como se fosse uma fábula. Peter pediu que ela fosse com ele ver por si mesma. Ela foi, sem dar crédito à história, até que encontrou-se na presença do senhor Williams, e ouvi-o dizer: "estou muito feliz por ter ajudado seu filho; ele precisava muito de compaixão e assistência; mas não achei que ele tivesse uma mãe aqui, embora tenha me garantido que sim."

O grande problema de Isabella agora era o temor de que seu filho enganasse seu benfeitor e desaparecesse quando o navio estivesse zarpando, mas ele implorou sinceramente para que confiasse, pois havia resolvido melhorar e pretendia cumprir a decisão. O coração de Isabella não lhe deu paz até o momento da partida, quando Peter pediu ao senhor Williams, e a outro mensageiro que ela conhecia, para lhe dizer que ele havia partido. Mas, durante um mês, ela ficava atenta esperando vê-lo saindo de algum lugar da cidade e aparecendo diante dela, com tanto medo que ele ainda fosse infiel e fizesse algo errado. Mas ele não apareceu e, por fim, ela acreditou que realmente fora embora. Ele partiu no verão de 1839 e seus amigos não ouviram mais nada dele até que sua mãe recebeu a seguinte carta, datada de 17 de outubro de 1840:

*Minha querida e amada mãe,*
*Aproveito a oportunidade para escrever e informá-la que estou bem, e na esperança de que se encontre também assim. Fui a bordo do mesmo navio azarado, Done, de Nantucket. Lamento dizer que fui punido uma vez severamente por ter colocado minha mão no fogo por outras pessoas. Tivemos pouca sorte, mas na esperança de melhorar. Temos cerca de 230 a bordo, mas espero que, se não tivermos sorte, meus pais me recebam com satisfação. Eu gostaria de saber como estão minhas irmãs. Meus primos*

*ainda moram em Nova York? Você recebeu minha carta?
Do contrário, pergunte ao senhor Pierce Whiting. Eu
gostaria que me respondesse o mais rápido possível. Sou
seu único filho, que está tão longe de sua casa, no vasto
oceano salgado. Eu já vi mais do mundo do que jamais
esperava, e se eu voltar a salvo para casa vou contar todos
as minhas dificuldades e privações. Mãe, espero que não
se esqueça de mim, seu querido e único filho. Gostaria de
saber como estão Sophia, Betsey e Hannah. Espero que
todos me perdoem por tudo o que fiz.*

*Seu filho,* PETER VAN WAGENER

Outra carta tem a seguinte redação, datada de 22 de
março de 1841:

*Minha querida mãe,
Aproveito esta oportunidade para lhe escrever e informar que estou bem e de boa saúde. Já lhe escrevi uma
carta antes, mas não recebi resposta sua e estava muito
ansioso para vê-la. Espero vê-la em pouco tempo. Tenho
tido muito azar, mas tenho a esperança de melhorar no
futuro. Gostaria que minhas irmãs estivessem bem e todas
as pessoas da vizinhança. Espero estar em casa dentro de
mais ou menos vinte e dois meses. Eu vi Samuel Laterett.
Cuidado! Tenho más notícias para lhe dizer, que Peter
Jackson está morto. Ele morreu dentro de dois dias a
caminho de Otaheite, uma das Ilhas da Sociedade.[31] O
Peter Jackson que morava na casa de Laterett morreu a*

---

31   Taiti.

*bordo do navio Done, de Nantucket, capitão Miller, na
latitude 15°53'S 148°30'O. Neste momento, não tenho
mais o que dizer, mas escreva o mais rápido possível.
Seu único filho,*

PETER VAN WAGENER

Outra, contendo a última notícia que ela teve do filho,
diz o seguinte e foi datada de 19 de setembro de 1841:

*Querida mãe,
Aproveito esta oportunidade para escrever e informá-la
que estou bem e em boa saúde, e espero encontrá-la igualmente. Esta é a quinta carta que eu lhe escrevo e não recebi
nenhuma resposta, e isso me deixa muito desconfortável.
Portanto, rogo que escreva o mais rápido possível e conte
como estão as pessoas da vizinhança. Estamos fora de
casa há vinte e três meses e esperamos estar de volta em
quinze meses. Não tenho muito a dizer, mas me diga se
você está em casa desde que eu saí ou não. Quero saber
como está o tempo por aí. Tivemos muita má sorte quando
viemos pela primeira vez, mas desde então temos tido boa
sorte, por isso, tenho a esperança de ficar bem, mas se não
for assim, não precisa esperar que volte para casa antes de
cinco anos. Então vai me escrever o mais rápido possível,
não vai? Agora, vou terminar de escrever. Quando você
ler isto, lembre-se de mim e pense em mim.*

*"Leve-me para meu lar, que fica no distante poente,
Para as cenas da minha infância,
que meu coração tão sente;
Lá onde altos cedros vicejam e belas águas me vejam*

*Onde meus pais irão me saldar,*
*homem branco, deixe-me ir!*
*Deixe-me ir ao lugar onde brincam as corredeiras,*
*Onde eu ia, quando menino, perdido em brincadeiras*
*E lá está minha pobre mãe, com*
*o coração sempre a fluir,*
*A visão de sua pobre criança, para ela,*
*deixe-me partir, deixe-me partir!"*[32]

*Seu único filho,* PETER VAN WAGENER

Desde a data da última carta Isabella não teve notícias de seu filho há tanto ausente, ainda que seu coração de mãe anseie por essas notícias, que seus pensamentos o sigam ao redor do mundo na sua arriscada viagem, dizendo a si mesma: "ele agora é bom, não tenho dúvida; tenho certeza de que perseverou e manteve a resolução que fez antes de deixar o lar... Parecia tão diferente antes de ir, tão determinado a ser melhor." As cartas dele foram inseridas aqui como meio de preservá-las, caso sejam as últimas coisas dele que ela ouviu neste mundo.

---

32    *"The Indian Hunter", poema de Eliza Cook.*

# Encontrando um irmão e uma irmã

Quando Isabella obteve a liberdade do seu filho, ela permaneceu em Kingston, por conta do processo judicial, por cerca de um ano, e nesse tempo tornou-se membro da Igreja Metodista local. Quando foi para Nova York, levou uma carta daquela igreja para a igreja Metodista da rua John. Depois disso, ela se desligou daquela igreja e ingressou na Igreja de Sião, na rua Church, composta inteiramente de pessoas de cor. Nessa igreja, permaneceu até residir com o senhor Pierson, onde foi gradualmente atraída para o "reino" estabelecido pelo profeta Matias, em nome de Deus Pai, pois ele havia dito que o espírito de Deus, o Pai, habitava nele.

Enquanto Isabella estava em Nova York, sua irmã Sophia veio de Newburg para residir no antigo local. Isabella havia sido favorecida com visitas ocasionais da irmã, embora em certa ocasião tivessem perdido o contato por dezessete anos, quase todo o período em que esteve na casa do senhor Dumont. E quando a irmã apareceu diante dela novamente, bem vestida, ela não a reconheceu, até descobrir de quem se tratava. Sophia informou que seu irmão Michael, um irmão que ela nunca tinha visto, estava na cidade; quando ela o apresentou a Isabella, ele contou que a irmã deles, Nancy, que estava morando na cidade, havia falecido alguns meses antes. Ele descreveu suas feições, seu vestido, seus modos, e disse que ela fazia parte da Igreja de Sião há algum tempo, mencionando a congregação a que pertencia. Isabella quase instantaneamente a reconheceu como uma irmã na igreja, com quem ela se ajoelhou no altar e apertou a mão, em reconhecimento à sua irmandade espiritual, pouco pensando, na época, que eram filhas dos mesmos pais terrenos, Bomefree e Mau-mau Bett. À medida que as perguntas e respostas passavam rapidamente, e a convicção se aprofundava, de que aquela era irmã deles, a mesma irmã de quem havia muito ouvido falar, mas nunca tinha visto (pois ela era a mesma irmã que fora presa no trenó, quando foi levada embora, para nunca mais ver o rosto de sua mãe deste lado da terra dos espíritos. Michael, que lhe contava, era o irmão que havia compartilhado seu destino). Isabella pensou: "maldição, lá estava ela, nos encontramos... como foi que eu, naquela hora, não me dei conta da sensação peculiar de sua mão, uma mão dura e ossuda tão parecida com a minha? Embora não soubesse que ela era minha irmã, agora vejo que se parecia tanto com minha mãe." Isabella chorou, e não estava sozinha; Sophia chorou, e o homem forte, Michael, misturou suas lágrimas com as delas. "Ó Senhor", perguntou Isabella, "o que é essa escravidão que pode fazer coisas tão terríveis? Que tantos males pode nos causar?" E ela bem pode perguntar, pois certamente os males que pode fazer e faz, diariamente e a cada hora, nunca podem ser totalizados até que possamos vê-los como são registrados por Ele que escreve sem erros e calcula sem enganos. Esse relato, que agora varia na avaliação das diferentes mentes, será visto do mesmo jeito por todos.

Pense, caro leitor, que quando esse dia chegar, o do julgamento de contas, até o mais "radical" abolicionista dirá: "admirai-vos, eu a tudo isso vi enquanto estava na terra." Ele não preferiria dizer: "ó, quem concebeu a amplitude e a profundidade dessa malária moral, desse foco de praga putrefeita?" Talvez os pioneiros na causa dos escravos fiquem tão surpresos quanto qualquer outro ao descobrir que, além de tudo o que viu, ainda restou muito a ser visto.

MISCELÂNEA

Há certas coisas duras que cruzaram a vida de Isabella enquanto escravizada, que ela não deseja publicar por variadas razões. Primeiro, porque as pessoas nas mãos das quais ela sofreu já se foram e estão prestando contas num tribunal celestial, porém seus amigos inocentes estão vivos e podem ter os sentimentos feridos por essa narrativa. Em segundo lugar, porque nem tudo é apropriado para o ouvido do público, dada sua natureza. Em terceiro, e não menos importante, porque, como ela diz, se contasse tudo o que lhe aconteceu enquanto escrava, tudo o que ela sabe ser a "verdade de Deus", pareceria aos outros — especialmente aos não iniciados — tão inexplicável, tão irracional, tão, como é comumente chamado, antinatural (ainda que possamos questionar se as pessoas sempre agem naturalmente) que eles dificilmente acreditariam em seu relato. "Nunca", ela diz. "Eles me chamariam de mentirosa! Fariam isso mesmo! E não desejo dizer nada que possa destruir minha credibilidade, embora o que digo seja estritamente verdadeiro." Algumas coisas foram omitidas por mero esquecimento, e se não foram mencionadas anteriormente, podem ser brevemente contadas aqui. Como o fato de seu pai, Bomefree, ter tido duas esposas antes de Mau-mau Bett, uma das quais, se não ambas, arrancadas dele pela mão de ferro do cruel traficante de carne humana; que seu marido, Thomas, depois que uma de suas esposas foi vendida para longe dele, fugiu para a cidade de Nova York, onde permaneceu um ano ou dois, antes de ser descoberto e trazido de volta à prisão da escravidão; que seu senhor, Dumont, quando prometera a Isabella libertá-la um ano antes do prazo definido pelo estado, havia feito a mesma promessa a seu marido, e além da liberdade, lhes havia prometido uma cabana de madeira para lhes servir de lar que, como os mil e um devaneios resultantes dessa promessa, foi jogada no repositório de promessas não cumpridas e esperanças não realizadas; que ela ouviu várias vezes seu pai repetir uma arrepiante história de uma criancinha escrava, que ao incomodar a família com seus choros foi apanhada por um homem branco, que partiu sua cabeça contra a parede. Um índio (pois os índios eram abundantes naquela região) passou perto enquanto a mãe enlutada lavava o cadáver ensanguentado de seu filho assassinado e, conhecedor da causa de sua morte, disse, com veemência característica: "se eu estivesse aqui, teria colocado minha machadinha na cabeça dele!", querendo dizer, do assassino.

Sobre a crueldade de um certo Hasbrouck. Esse tinha uma escrava doente que fenecia com uma lenta tuberculose, a quem ele fazia fiar, desconsiderando sua fraqueza e seu sofrimento. Essa mulher tinha um filho incapaz de andar ou falar aos cinco anos de idade: nem podia chorar como as outras crianças, só emitia um gemido constante e lamentoso. Essa demonstração de desamparo e imbecilidade, em vez de despertar a pena do senhor, atiçou sua cupidez e o enfurecia tanto, que ele chutava a pobre criança de um lado para o outro como uma bola. A informante de Isabella havia visto esse homem bruto, quando a criança estava encolhida sob uma cadeira, divertindo-se inocentemente com alguns gravetos, o arrastar de lá só pelo prazer de atormentá-la. Ela o viu, com um chute, fazer rolar a criança pelo salão e pelos degraus da porta. Ah, como ela desejou que a criança morresse instantaneamente! "Mas", ela disse, "parecia tão duro quanto uma cascavel." Mesmo assim, ele logo morreu, dando descanso ao coração de seus amigos; e seu opressor, sem dúvida, regozijou-se com eles, mas por motivos muito diferentes. Mas o dia dele pagar por tudo não demorava: pois ele adoeceu e perdeu o juízo. Era medonho ouvir sua velha escrava contar como, nos dias da desgraça dele, ela o tratava. Ela era muito forte e, portanto, foi escolhida para dar apoio ao seu senhor quando ele erguia-se da cama, ao colocar os braços em torno dele, posicionando-se por trás. Era então que ela fazia de tudo para que a vingança caísse sobre ele: apertava o corpo fraco dele em seu aperto de ferro e, quando sua senhora não estava vendo, dava-lhe um safanão, uma sacudida, o levantava e o sentava de novo, de maneira mais agressiva possível. Se a respiração dele se revelava muito ofegante, e a senhora dela dissesse: "cuidado, não o machuque, Soan!", sua resposta sempre pronta era: "Ah não, minha senhora, não", em seu tom mais agradável, e então, assim que os olhos e os ouvidos da senhora se afastavam, outro safanão, outra sacudida, outro empurrão. Ela temia que a doença cedesse e ele se recuperasse, um evento que ela temia mais do que o mal que ele pudesse fazer com ela. Isabella perguntou se ela não tinha medo que o espírito perverso dele a assombrasse. "Ah, não", diz Soan, "ele era tão perverso que o diabo nunca o deixaria sair do inferno".

Muitos proprietários se vangloriam do amor de seus escravos. Como lhes gelaria o sangue se soubessem que tipo de amor é esse que consome o seio dos escravos por eles! Servem de testemunha a tentativa de envenenar a senhora Calhoun e centenas de casos semelhantes. O mais "surpreendente" para todo mundo foi ter sido cometido por escravos supostamente muito gratos por suas correntes.

Essas reflexões trazem à mente uma discussão sobre esse tema, entre esta que escreve e certo amigo, dono de escravos em Kentucky, na manhã de Natal de 1846. Tínhamos concordado que, até que a humanidade estivesse muito adiantada em relação ao que é agora, o poder irresponsável sobre nossos companheiros de humanidade seria tal como é, abusado. Nosso amigo declarou, na sua convicção, que as crueldades da escravidão existiam principalmente na imaginação e que nenhuma pessoa no condado de D., onde nos encontrávamos àquela época, seria tão baixa a ponto de maltratar um escravo indefeso. Respondemos que, se sua crença fosse mesmo bem fundamentada, o povo do Kentucky estava muito avançado em relação ao povo da Nova Inglaterra, pois nunca ousaríamos dizer isso de sequer uma freguesia, quanto mais de um condado. Não, não responderíamos por nossa própria, nem mesmo em uma questão tão delicada.

Na noite seguinte, ele magnanimamente abandonou sua opinião e tomou a nossa, informando-nos que, na manhã anterior, e tão assim que pudemos saber, na mesma hora em que estávamos discutindo honestamente as probabilidades do caso, uma jovem de fina aparência, e de alta posição na sociedade, o orgulho do marido, e mãe de uma menininha, a apenas algumas milhas de nós, lá mesmo no condado de D., estava espancando o crânio de uma escrava chamada Tabby; e não contente com aquilo, mandou que a amarrassem e a chicoteassem depois que seu crânio se partiu, e ela morreu presa ao estrado ao qual havia sido amarrada. Quando informada de que Tabby estava morta, ela respondeu: "fico feliz em saber disso, porque ela me deixava morta de preocupação." Mas o bem maior para Tabby não era o fim proposto pela sra. M., pois ninguém supunha que ela teve a intenção matá-la. Tabby era considerada alguém sem muito juízo e, sem dúvida, pertencia àquela classe no sul que é tola o suficiente para "morrer por uma correção moderada".

Uma turba se reuniu em torno da casa por uma ou duas horas, expressando uma indignação momentânea. Mas ela foi tratada como uma assassina? De modo nenhum! Ela foi autorizada a tomar o barco (pois sua residência ficava perto da bela Ohio) naquela noite, e a passar alguns meses com os amigos ausentes, após o que voltou e permaneceu com o marido, sem ninguém para "molestar ou dar-lhe medo".

Se ela ao menos fosse castigada por uma consciência ultrajada pelos justos motivos, eu "teria me regozijado com muita alegria". Mas ver a vida de uma mulher, uma assassina, colocada na balança contra a vida de três milhões de escravos inocentes, e contrastar sua punição com a que eu senti que seria a punição a uma pessoa meramente suspeita de ser amiga de toda a humanidade, independentemente de cor ou posição, fez meu sangue ferver dentro de mim e meu coração adoecer com o pensamento. O marido da sra. M. estava ausente de casa, no tempo aludido, e quando ele chegou, algumas semanas depois, trazendo presentes bonitos para sua querida companheira, encarou seu lar outrora feliz, agora abandonado, Tabby assassinada e enterrada no jardim, e a esposa de sua alma, e a mãe de seu filho, a causadora de um fato terrível, uma assassina!

Quando Isabella foi para a cidade de Nova York o fez em companhia da senhorita Grear, que a apresentou à família do senhor James Latourette, um rico comerciante que professara a religião metodista, mas que, na última parte de sua vida, sentiu que havia libertado-se dos cerimoniais e defendia reuniões livres, abrigando-as em sua moradia por vários anos antes de sua morte. Ela trabalhava para eles, e eles generosamente lhe deram um lar enquanto ela trabalhava para os outros, e, em sua bondade fizeram de Isabella um deles.

Naquela época, o movimento de "Reforma moral"[33] estava despertando a atenção das mulheres benevolentes

---

33    *Movimento liderado por mulheres para coibir a prostituição.*

naquela cidade. Muitas delas, entre as quais a senhora Latourette e a senhorita Grear, ficaram profundamente interessadas em tentar corrigir suas irmãs desvirtuadas, mesmo as mais degradadas delas, e para essa empreitada de trabalho e perigo, recrutaram Isabella e outras, que por um tempo empenharam seus mais zelosos esforços e realizaram o trabalho dos missionários, aparentemente com muito sucesso. Isabella acompanhou aquelas senhoras às residências mais miseráveis do vício e da miséria e, às vezes, foi aonde elas não ousavam seguir. Elas até conseguiram estabelecer reuniões de oração em lugares onde nunca se esperaria.

Porém essas reuniões logo se tornaram barulhentas, berrantes, ofensivas e violentas, nas quais chegavam ao delírio de tão excitadas, e logo caíam exaustas por tanto excesso. Por essas reuniões, Isabella não tinha muita simpatia, mas em uma noite ela participou de uma dessas, onde os membros, em um transe de êxtase, saltaram sobre sua capa de maneira a arrastá-la para o chão e, então, pensando que ela havia caído em transe espiritual, incrementaram suas glorificações por causa dela, pulando, gritando, batendo o pé e batendo palmas; regozijando-se pelo espírito dela enquanto ignorava seu corpo, de modo que ela sofreu muito, tanto pelo medo que sentiu quanto pelos machucados; e depois disso sempre se recusava a participar de tais reuniões, duvidando muito de que Deus tivesse algo a ver com essa adoração.

# A impostura de Matthias

Chegamos agora a um período agitado na vida de Isabella, identificado como uma das mais extraordinárias ilusões religiosas dos tempos modernos; mas os limites prescritos para o presente trabalho proíbem uma narração minuciosa de todas as ocorrências que lhe dizem respeito.

Após ter se juntado à Igreja Africana, na rua Church, e enquanto foi membro, ela participava frequentemente das reuniões do senhor Latourette e, em uma delas, o senhor Smith a convidou para uma reunião de oração, ou para instruir as garotas do asilo Magdalene, em Bowery Hill, então sob a proteção do senhor Pierson, e de algumas outras pessoas, principalmente mulheres respeitáveis. Para chegar ao asilo, Isabella recorreu a Katy, a criada de cor do senhor Pierson, de quem ela tinha algum conhecimento. O senhor Pierson a viu lá, conversou com ela, perguntou se Isabella havia sido batizada, e recebeu como resposta: "pelo Espírito Santo." Depois disso Isabella viu Katy muitas vezes, e ocasionalmente também o senhor Pierson, que a empregou para manter a casa dele enquanto Katy ia à Virginia para ver os filhos. Esse emprego foi considerado como resposta a uma oração do senhor Pierson, que jejuara e orara sobre o assunto, enquanto Katy e Isabella pareciam ver nele a mão de Deus.

O senhor Pierson foi descrito como tendo um forte espírito devocional, que no fim acabou tornando-se altamente fanático. Ele assumiu o título de Profeta, afirmando que Deus o havia chamado de mensageiro, nas seguintes palavras: "tu és Elias, o tisbita[34]. Reúna para mim todos os membros de Israel aos pés do monte do Carmo", o que ele entendeu como significando a reunião de seus amigos em Bowery Hill. Pouco tempo depois ele se familiarizou com o notório Matthias, cuja carreira era tão extraordinária quanto breve. Robert Matthews, ou Matthias (como costumava ser chamado), era de origem escocesa, mas natural do Condado de Washington, Nova York e, na época, tinha cerca de quarenta e sete anos. Ele foi criado religiosamente, entre os anti-burghers,[35] uma seita dos presbiterianos; o clérigo, Reverendo senhor Bevridge, visitando a família, seguindo o costume da igreja e satisfeito com Robert, colocou a mão na cabeça do menino e pronunciou uma benção, e essa benção, com suas qualidades naturais, determinou seu caráter, porque depois disso ele sentiu-se um homem distinto. Matthias foi criado

---

34    *Referência a Elias, profeta do Antigo Testamento.*

35    *Cisão da igreja escocesa no século 18.*

como fazendeiro até quase dezoito anos de idade, mas adquiriu indiretamente a arte da carpintaria, sem nenhum aprendizado regular, e mostrou consideráveis habilidades mecânicas. Ele obteve propriedades de seu tio, Robert Thompson, e começou a trabalhar como lojista, considerado respeitável, e tornou-se membro da Igreja Presbiteriana Escocesa. Casou-se em 1813 e continuou nos negócios em Cambridge. Em 1816, ele foi à falência por causa de uma especulação imobiliária e pela desvalorização da moeda, que lhe impediu de obter os empréstimos bancários. Em seguida chegou a Nova York com sua família e trabalhou nos seus negócios. Posteriormente, mudou-se para Albany e tornou-se ouvinte na Igreja Reformada Holandesa, então sob o comando do doutor Ludlow. Com frequência, ficava muito animado com assuntos religiosos.

Em 1829, ele era bem conhecido, se não pela pregação de rua, pelas altas discussões e exortações nas calçadas, mas não fazia sermões.

No início de 1830, ele era considerado apenas devoto, mas no mesmo ano profetizou a destruição dos moradores de Albany e de sua capital e, enquanto se preparava para fazer a barba, com a Bíblia à sua frente, repentinamente largou o sabão e exclamou: "eu encontrei! Encontrei um texto que prova que nenhum homem que faz a barba pode ser um verdadeiro cristão"; e logo depois, sem se barbear, foi à Casa Missionária para o sermão que havia prometido e, nesse endereço, proclamou seu novo propósito, declarando vingança sobre a Terra, que a lei de Deus era a única regra de governo, e que ele havia sido ordenado a tomar posse do mundo em nome do Rei dos reis. Sua homilia foi interrompida pelos administradores que apagaram as luzes. Nessa época, Matthias abandonou seus negócios e as empreitadas e, em junho, aconselhou sua esposa a ir embora com ele da destruição que os aguardava na cidade. Por sua recusa, em parte por Matthias chamar-se a si mesmo judeu, a quem ela não estava disposta a manter como marido, ele a deixou, levando alguns dos filhos para sua irmã em Argyle, a quarenta quilômetros de Albany. Em Argyle, ele entrou na igreja e interrompeu o ministro, dizendo que a congregação estava nas trevas e alertando-os para o arrependimento. Ele foi, é claro, posto para fora da igreja, e como seu desaparecimento havia sido anunciado nos jornais de Albany, foi mandado de volta para sua família. Sua barba tinha agora alcançado um comprimento respeitável, por isso ele atraía atenção, e facilmente obtinha um público nas ruas. Por conta disso, foi preso algumas vezes, uma delas pelo erro de Adam Paine[36], que apreendeu todo o grupo, e então deixou Matthias com eles quando foram abordados pelos policiais. Ele insistia repetidamente para que a esposa o acompanhasse na missão de converter o mundo, declarando que o alimento poderia ser obtido nas raízes da floresta, ou ainda de outras maneiras. Nessa época, ele assumiu o nome de Matthias, dizendo-se judeu, e partiu para uma missão, tomando o curso ocidental, visitando um irmão em Rochester. Deixando o irmão, ele

---

36  *Militar de origem ameríndia e negra, condecorado com a medalha de honra dos Estados Unidos.*

continuou sua missão pelos estados do norte, ocasionalmente retornando a Albany.

Depois de visitar Washington e passar pela Pensilvânia, chegou a Nova York. A aparência dele naquela época era assim, como grotesca, e suas opiniões pouco conhecidas.

Em 5 de maio de 1832, ele foi na rua Quarto para encontrar-se com o senhor Pierson, que estava ausente. Isabella estava sozinha na casa em que vivia desde o outono anterior. Ao abrir a porta, ela, pela primeira vez, viu Matthias, e sua impressão inicial de ver Jesus em carne correu para sua mente. Ela ouviu a pergunta dele e o convidou para a sala. Sendo naturalmente curiosa, muito animada e com bastante tato, ela iniciou uma conversa, exprimiu as próprias opiniões e ouviu as respostas e explicações dele. Sua fé foi inicialmente desconcertada por ele se declarar judeu, mas, nesse ponto, ela ficou aliviada quando o ouviu dizer: "você não se lembra de como Jesus orou?", e repetiu parte da Oração do Senhor, como prova de que o Reino do Pai estava por vir, e não o do Filho. Isabella entendeu que ele era um judeu convertido e, na conclusão, ela diz que "sentia como se Deus o tivesse enviado para estabelecer o Reino". Assim, Matthias imediatamente conquistou a boa vontade de Isabella, e podemos supor que ele obteve dela algumas informações sobre o senhor Pierson, especialmente que a senhora Pierson havia declarado que não havia uma igreja verdadeira e aprovava a pregação do senhor Pierson. Matthias saiu de casa prometendo voltar no sábado à noite. Até então o senhor Pierson não havia conhecido Matthias.

Isabella, desejosa de ouvir a tão aguardada conversa entre Matthias e o senhor Pierson no sábado, apressou seu trabalho, o concluiu, e obteve autorização para estar presente. De fato, a unidade de crença entre eles a tornou familiar com seu empregador, e a atenção dela ao trabalho e a lealdade característica aumentaram a confiança dele.

Essa intimidade, resultado de manter a mesma fé e o princípio adotado posteriormente de ter apenas uma mesa e todas as coisas em comum, fizeram dela ao mesmo tempo doméstica e uma igual, e depositária de informações muito curiosas, se não valiosas.

Para esse fim, até a cor dela ajudava. As pessoas que viajaram pelo sul sabem como as pessoas de cor, e especialmente os escravos, são tratados: sua presença é muitas vezes ignorada. Esse traço em nossa natureza americana tem sido frequentemente observado por viajantes estrangeiros. Uma senhora inglesa observa que, durante uma conversa com um cavalheiro casado do sul, descobriu que uma menina de cor dormia em seu quarto, no qual também ficava a esposa. Quando ele viu que isso lhe causava alguma surpresa, observou: "o que ele faria se quisesse um copo de água durante a noite?" Outros viajantes observaram que a presença de pessoas de cor nunca chegava a interromper uma conversa de qualquer tipo pelo menor tempo que fosse. Isabella, então, esteve presente na primeira entrevista entre Matthias e o senhor Pierson. Nessa conversa, o senhor Pierson perguntou a Matthias se ele tinha uma família, ao que ele respondeu afirmativamente; perguntou a ele sobre a barba, e ele lhe deu uma razão nas

Escrituras, afirmando também que judeus não se barbeiam, e que Adão tinha uma barba. O senhor Pierson detalhou a Matthias sua experiência, e Matthias deu a sua, e eles descobriram mutuamente que tinham as mesmas opiniões, ambos admitindo a influência direta do Espírito Santo e a transmissão de espíritos de um corpo para outro. Matthias admitiu o chamado do senhor Pierson, ao pregar na rua em Wall Street. Nesta ocasião, ele disse tais palavras: "tu és Elias, o tisbita, e deve ir perante de mim no espírito e a força de Elias, para preparar o meu caminho antes de mim". O Sr. Pierson admitiu o chamado de Matthias, que completou sua declaração em 20 de junho, em Argyle, a qual, com uma curiosa coincidência, foi o mesmo dia em que Pierson havia recebido sua convocação. Tais coincidências singulares tiveram um efeito poderoso nas mentes entusiasmadas. Daquela descoberta, Pierson e Matthias regozijaram-se um ao outro, e tornaram-se espíritos fraternos; Matthias, no entanto, afirmando ser o Pai, ou possuir o espírito do Pai — ele era Deus na Terra, porque o espírito de Deus habitava nele —, enquanto Pierson entendia que a missão dele era como a de João Batista, dado o significado do nome Elias[37]. Essa conferência terminou com um convite para jantar, e Matthias e Pierson lavando os pés um do outro. Sr. Pierson fez a pregação do domingo seguinte, mas depois ele declinou em favor de Matthias, e alguns do grupo acreditaram que o "Reino havia chegado".

---

37    Elias, *em hebraico: "meu Deus é Jeová"*.

Como exemplo da pregação e das opiniões de Matthias, o trecho a seguir é considerado verdadeiro:

*O espírito que construiu a Torre de Babel está agora no mundo, é o espírito do diabo. O espírito do homem nunca ergue-se acima das nuvens, só acham isso os babilônios. O único céu é na Terra. Todos que ignoram a verdade são moradores de Nínive.[38] Os judeus não crucificaram Cristo, foram os Gentios. Todo judeu tem seu anjo da guarda que o protege nesse mundo. Deus não fala por meio de orações; fala através de mim, seu profeta.*
*João Batista,* [dirigindo-se ao senhor Pierson] *leia o décimo capítulo do Apocalipse.*

Após a leitura do capítulo, o profeta retomou sua fala, como segue:

*Somos o reino da semente da mostarda que se espalha por toda a terra. Nossa crença é verdadeira, e nenhum homem pode achar a verdade a não ser aquele que obedece a João Batista, que se entregue à igreja. Todos os homens de verdade serão salvos; todos os homens falsos serão condenados. Quando uma pessoa tem o Espírito Santo, é um homem, e não o é até então. Os que ensinam as mulheres são dos maus. A comunhão é uma tolice; também é a oração. Comer um pedaço de pão e beber um pouco de vinho não fazem nada. Todos os que admitem membros em sua igreja e os forçam a entregar terras e casas, sua sentença*

---

38    *Capital da Babilônia, quando os judeus lá estavam exilados.*

*é: "nunca vos conheci; apartai-vos, vós que praticais a iniquidade".[39]*

*Todas as mulheres que repreendem seus maridos, sua sentença é a mesma. Os filhos da verdade devem desfrutar de todas as coisas boas deste mundo e devem usar seus meios para realizá-las. Tudo o que tem cheiro de mulher será destruído. A mulher é o ápice da abominação da desolação, cheia de todos os demônios. Em pouco tempo, o mundo pegará fogo e se dissolverá; já é combustível. Todas as mulheres, não obedientes deveriam se tornar assim o mais rápido possível, deixar o espírito do mal partir e se tornarem templos da verdade. Orar é tudo escárnio. Quando você vê alguém torcer o pescoço de uma ave, em vez de cortar sua cabeça, ele não tem o Espírito Santo. (Cortar causa a menor dor possível.) Todos os que comem carne de porco são do diabo, e tão certo quanto ele come, ele mentirá em menos de meia hora. Se você comer um pedaço de carne de porco, ela apodrecerá dentro de si e o Espírito Santo não permanecerá em você, mas um dos dois terá que sair de casa logo. A carne de porco ficará tão retorcida em você quanto um chifre de carneiro, e tão incômoda quanto os porcos na rua.*

*"Cólera" não é a palavra certa; o certo é 'choler', que significa "a ira de Deus". Abraão, Isaque e Jacó estão agora neste mundo; eles não subiram aos céus, como alguns acreditam. E por que estariam lá? Eles não querem ir para lá para ficar virando de lado. Os cristãos hoje em dia procuram estabelecer o reino do Filho. Não é dele; é o Reino do*

---

39   *Mateus 7:23.*

*Pai. Isso me faz lembrar da história de um homem no interior que colocou o filho nos negócios e mandou fazer uma placa "Hitchcock & Filho", mas o filho queria "Hitchcock & Pai", e isso é o que acontece com vocês cristãos. Eles falam primeiro do reino do Filho, e não do Reino do Pai.*

Matthias e seus discípulos naquela época não acreditavam na ressurreição do corpo, mas que os espíritos dos antigos santos entrariam nos corpos da geração atual e, assim, começariam o céu na Terra, do qual ele e o senhor Pierson eram os primeiros frutos.

Matthias fez da residência do senhor Pierson a sua, mas este último, apreensivo com a violência popular em sua casa, se Matthias permanecesse ali, propôs-lhe um subsídio mensal e aconselhou-o a ocupar outra habitação. Matthias, portanto, alugou uma casa na rua Clarkson e depois chamou sua família em Albany, mas eles se recusaram a ir à cidade. No entanto seu irmão George aceitou uma oferta semelhante, trazendo consigo sua família, onde encontraram alojamentos muito confortáveis. Isabella foi contratada para fazer as tarefas domésticas. Em maio de 1833, Matthias deixou sua casa e colocou os móveis, parte dos quais eram de Isabella, em outros lugares, vivendo ele mesmo no hotel da esquina das ruas Marketfield e West. Isabella encontrou emprego no senhor Whiting, na rua do Canal, e lavava a roupa de Matthias com a permissão da senhora Whiting.

Sobre a subsequente mudança do senhor Matthias para a fazenda e residência do senhor B. Folger, em Sing Sing, onde se juntou ao senhor Pierson, e outros que estavam sob a mesma ilusão religiosa, a morte repentina, melancólica e um tanto suspeita do senhor Pierson e a prisão de Matthias sob a acusação de seu assassinato, terminando em um veredicto de inocência; a conexão criminosa que subsistia entre Matthias, a senhora Folger e outros membros do "Reino" como "almas gêmeas"; a dispersão final dessa empreitada ilusória e o exílio voluntário de Matthias no oeste após sua libertação, etc., etc., não consideramos útil ou necessário fornecer quaisquer detalhes. Aqueles que estiverem curiosos para saber o que transcorreu, recorram a um trabalho publicado em Nova York, em 1835, intitulado *Fanatismo; suas fontes e influências; ilustrado pela narrativa simples de Isabella, no caso de Matthias, Sr. e Sra. B. Folger, Sr. Pierson, Sr. Mills, Catharine, Isabella, etc, etc.* de autoria de G. Vale. Basta dizer que, enquanto Isabella era membro da casa de Sing Sing, prestando um serviço bastante laborioso no espírito de desapego religioso, sua visão foi gradualmente sendo purgada e sua mente curada das ilusões, assim ela escapou felizmente da contaminação que a cercava, empenhando-se assiduamente em desembaraçar-se de todos os seus deveres da melhor maneira.

# JEJUM

Na época em que Isabella residia com o senhor Pierson, ele tinha o hábito de jejuar toda sexta-feira; sem comer ou beber nada da quinta-feira à noite até seis da tarde da sexta-feira.

Então, novamente, ele jejuaria duas noites e três dias, sem comer nem beber, recusando até um copo de água fresca até o terceiro dia à noite, quando ele jantava, como usual.

Isabella perguntou a ele por que jejuava. Ele respondeu que jejuar dava-lhe uma grande iluminação nas coisas de Deus. Tal resposta deu origem à seguinte linha de pensamento na mente de sua ouvinte: "bem, se o jejum dá luz interiormente e espiritualmente, preciso tanto quanto qualquer um, e também jejuarei. Se o senhor Pierson precisa jejuar duas noites e três dias, então eu, que preciso de luz mais do que ele, devo jejuar mais, e jejuarei três noites e três dias."

Essa resolução ela cumpriu à risca, colocando nem uma gota de água na boca por três dias e noites inteiras.

Na quarta manhã, quando se levantou, sem poder ficar de pé, caiu no chão, mas, recuperando-se o suficiente, dirigiu-se à despensa, sentindo-se bastante voraz e temendo que agora pudesse ofender a Deus por sua gula, obrigou-se a um desjejum com pão seco e água, comendo um grande pão até se sentir saciada ou satisfeita. Ela diz que se sentiu leve, mas estava tudo em seu corpo e nada em sua mente, e essa leveza do corpo durou muito tempo. Ah! ela era tão leve e se sentia tão bem que podia "pairar como uma gaivota".

# O QUE A FEZ DEIXAR A CIDADE

Nos primeiros anos que passou na cidade, Isabella acumulou mais do que o suficiente para satisfazer todas as suas necessidades e colocou todo o excedente na poupança. Posteriormente, enquanto morava com o senhor Pierson, ele insistiu para que ela pegasse tudo e investisse em um fundo comum que ele estava estabelecendo, como um fundo a ser retirado por todos os fiéis; os fiéis, é claro, eram os poucos que subscreviam sua crença peculiar. Esse fundo iniciado pelo senhor Pierson tornou-se parte do reino do qual Matthias acreditava ser o líder. Quando o reino desmoronou, suas poucas economias foram misturadas à ruína geral, ou foram para enriquecer aqueles que lucraram com a perda dos outros.

Como o senhor Pierson e outros a asseguraram que o fundo supriria todas as suas necessidades, em todos os momentos e em todas as emergências e até o fim da vida, ela se descuidou dessas questões. Não pediu juros nenhum quando sacou seu dinheiro do banco, e não registrou a quantia que depositou no fundo. Ela recuperou algumas peças de mobiliário dos destroços do reino e recebeu uma pequena quantia em dinheiro do senhor B. Folger, como compensação da tentativa da senhora. Folger de enquadrá-la por assassinato. Com isso para recomeçar, ela voltou a trabalhar, na esperança de ainda ser capaz de acumular uma quantia suficiente para criar um pequeno lar para si mesma, em sua idade avançada. Com esse estímulo à sua frente, trabalhou com afinco, dia e noite, fazendo muito por um pouco de dinheiro e quase tudo que prometesse um bom salário. Ainda assim, ela não prosperou e, de alguma forma, não conseguiu juntar nem um dólar para sua aposentadoria.

Quando já estava nessa situação há algum tempo, parou de repente e, fazendo uma retrospectiva do que havia passado, perguntou a si mesma: "por que as coisas eram assim?". Por que, apesar de todo o trabalho duro, ela não tinha nada para mostrar de seu? Por que outros, com muito menos cuidado e trabalho, poderiam acumular tesouros para si e para os filhos? Ela ficou cada vez mais convencida, enquanto raciocinava, de que tudo o que havia empreendido na cidade de Nova York finalmente provara ser um fracasso, e nas coisas em que mais depositou sua esperança, foi onde o fracasso foi maior e a decepção mais severa.

Após ter revirado isso na sua cabeça por algum tempo, chegou à conclusão de que havia tomado parte de um grande drama, que era, em si mesmo, senão um grande sistema de roubo e erro. "Sim", ela disse, "o rico rouba o pobre, e o pobre rouba outro pobre". É verdade que ela não havia explorado o trabalho dos outros, mas sentia que os havia explorado: pegou para si o trabalho de outras pessoas, que era o único meio que tinham para conseguir dinheiro, o que no fim dava no mesmo. Por exemplo, um cavalheiro lhe daria um dólar para que ela contratasse um homem pobre para limpar a neve recém--caída dos degraus e das calçadas. Ela se levantava cedo e fazia o trabalho sozinha, colocando o dinheiro no próprio bolso. Um homem pobre poderia aparecer, dizendo que ela deveria ter deixado que ele fizesse o trabalho: ele era pobre e precisava do pagamento para sua família. Ela endureceria seu coração contra ele e responderia: "eu também sou pobre e preciso do dinheiro para mim." Mas, em seu exame retrospectivo, ela pensou em toda a miséria que poderia estar adicionando, em sua ganância egoísta, e isso perturbou sua consciência gravemente. Essa insensibilidade às reivindicações da irmandade humana e às necessidades dos pobres necessitados e miseráveis, ela agora via, como nunca havia feito antes, insensível, egoísta e perversa. Essas reflexões e convicções deram origem a uma repulsa de sentimentos no coração de Isabella e ela começou a encarar dinheiro e propriedades com grande indiferença, se não com desprezo, estando naquela época incapaz, provavelmente, de discernir qualquer diferença entre um miserável atrás de sustento e alguém que acumulasse dinheiro e bens, ou entre um verdadeiro uso das coisas boas desta vida para seu próprio conforto e o alívio daqueles a quem ela poderia auxiliar e assistir. Uma coisa tinha certeza, que preceitos como: "trate aos outros como gostaria de ser tratado", "ame seu próximo como a si mesmo" e assim por diante foram máximas nas quais ela pouco refletiu ou cumpriu.

Sua próxima decisão foi a de que precisava deixar a cidade: aquele não era lugar para ela. Sim, ela sentiu um chamado do espírito para partir, viajar para o leste e professar. Ela nunca havia ido mais a leste do que a própria cidade, nem tinha nenhum amigo lá de quem pudesse esperar qualquer coisa. Ainda assim, para ela, era claro que sua missão estava no leste e que lá faria amigos. Estava determinada a partir, mas essas determinações e convicções ficaram fechadas no seu peito sabendo que seus filhos e amigos ficassem cientes de sua partida, fariam uma celeuma em torno disso, e seria muito desagradável, se não agoniante, para todos. Depois de fazer os preparativos para partir, ela julgou necessário colocar algumas peças de roupa em uma fronha, tudo o mais sendo considerado um encargo desnecessário. Cerca de uma hora antes de sair, ela informou a senhora Whiting, a dona da da casa onde estava, que seu nome não era mais Isabella, mas SOJOURNER, e que estava indo para o leste. E à pergunta: "por que está indo para o leste?", sua resposta foi: "o espírito me chama para lá, e eu devo ir."

Ela deixou a cidade na primeira manhã de junho de 1843, atravessando para o Brooklyn e Long Island. Tomando o sol nascente como sua única bússola e guia, "lembrou-se da esposa de Ló" e, na esperança de evitar seu destino, resolveu não olhar para trás até ter certeza de que a cidade perversa da qual estava fugindo fora deixada muito para trás para ser visível à distância.[40] Quando ela se aventurou a olhar para trás, pode apenas discernir a nuvem azul de fumaça que pairava sobre ela e agradeceu ao Senhor por estar tão distante do que lhe parecia ser uma segunda Sodoma.

Ela agora já estava a bom caminho na sua peregrinação; sua trouxa em uma mão, uma pequena cesta de mantimentos na outra e dois xelins de York[41] em sua bolsa. Seu coração estava forte na fé de que sua verdadeira obra estava diante dela e que o Senhor era seu diretor e ela não duvidava de que a sustentaria e a protegeria, e que seria muito censurável por parte dela carregar mais do que um modesto abastecimento das suas necessidades então presentes. Sua missão não era apenas viajar para o leste, mas "professar", como ela definia: "dar testemunho da esperança que havia em mim", exortando as pessoas a abraçar Jesus e a se abster do pecado, cuja natureza e origem ela lhes explicou de acordo com seus pontos de vista muito curiosos e originais. Ao longo de sua vida e todas as suas mudanças radicais, ela sempre se apegou rapidamente às suas primeiras impressões permanentes sobre assuntos religiosos.

Onde quer que a noite a alcançasse, ela procurava acomodações, gratuitas, se pudesse; se não, pagava. Em

---

40    *Segundo o Gênesis, a mulher de Ló desobedeceu à ordem de não olhar para trás quando deixava Sodoma e foi por isso transformada em uma coluna de sal.*

41    *Unidade de valor da Nova York colonial que valia cerca de doze cêntimos e meio.*

uma taberna, se acontecésse de estar em uma; se não, em uma residência particular. Com os ricos, se a recebessem; se não, com os pobres.

Mas logo descobriu que as casas maiores estavam quase sempre cheias; se não quase, a ocupação já era esperada; e que era muito mais fácil encontrar um canto desocupado em uma casa pequena do que em uma grande; e se uma pessoa possuía apenas um teto miserável sobre a cabeça, você pode ter certeza de que será bem-vindo.

Porém isso, e ela tinha discernimento o suficiente para notar, era tanto o efeito da carência de compaixão quanto da benevolência. E isso também ficava muito aparente em suas conversas religiosas com pessoas que lhe eram estranhas. Ela disse: "nunca conseguia descobrir se um rico tinha uma religião. Se eu fosse rica e bem-sucedida, eu conseguiria, porque os ricos sempre encontram religião nos ricos, e eu conseguia encontrá--la no meio dos pobres."

No princípio, participou de todas as reuniões de que ouvisse falar, e falou com as pessoas quando as encontrou reunidas. Posteriormente, anunciou as próprias reuniões e apresentou-se a grandes plateias, tendo, como disse: "passado por bons momentos."

Quando se cansou de viajar e desejou um lugar para parar e descansar um pouco, disse que sempre encontrava oportunidades por perto; e na primeira vez que precisou descansar, um homem a abordou enquanto caminhava, perguntando se ela estava procurando trabalho. Ela lhe disse que esse não era o objetivo de suas viagens, mas que trabalharia de boa vontade alguns dias, se alguém quisesse. Ele pediu que fosse até sua família, que estava infelizmente precisando de assistência, a qual ele estava sendo incapaz de fornecer. Ela foi até a casa para onde foi direcionada, onde havia um doente, e foi recebida pela família dele como uma "dádiva de Deus". Quando se sentiu impelida a retomar sua jornada, eles ficaram muito tristes, e ficariam felizes se a pudessem ter por mais tempo, mas, como ela insistisse na necessidade de partir, eles lhe ofereceram o que parecia aos seus olhos uma grande quantia em dinheiro como remuneração pelo seu trabalho, e uma expressão de gratidão pela oportuna assistência. Porém ela aceitou apenas uma pequena parte, o suficiente, como diz, para lhe permitir pagar tributo a César,[42] se lhe fosse exigido, e dois ou três xelins de York foram tudo o que ela se permitiu levar. Então, com a bolsa reabastecida e as forças renovadas, ela partiria novamente para cumprir sua missão.

---

42    *Mateus 22:21. "Dai, pois, a César o que é de César, e a Deus o que é de Deus."*

## AS CONSEQUÊNCIAS DE SE RECUSAR A UM
## VIAJANTE UMA NOITE DE HOSPEDAGEM

Ao se aproximar do centro da ilha, ela começou, quando a noite caiu, a procurar o favor de um abrigo. Ela repetiu seu pedido a muitas pessoas, pareceu-lhe umas vinte vezes, e recebeu a mesma quantidade de respostas negativas. Seguiu em frente, as estrelas e os minúsculos chifres da lua crescente derramando uma luz fraca em seu caminho solitário, quando foi abordada por dois índios, que a tomaram por uma conhecida. Ela disse que eles estavam enganados na pessoa, que era uma estranha por lá e perguntou a eles a direção de uma taberna. Eles informaram que ainda era um longo caminho, umas três ou quatro milhas, e perguntaram se ela estava sozinha. Não desejando a proteção deles, e não sabendo qual poderia ser o propósito da gentileza, ela respondeu: "não, não exatamente", e foi embora. Ao fim de um caminho cansativo, ela chegou à taberna, ou melhor, em uma grande construção, que era ocupada por um tribunal, uma taberna e uma cadeia, e ao perguntar por uma noite de hospedagem, foi informada de que poderia ficar, se consentisse em ser trancada. Isso para ela era uma objeção insuperável. Ficar trancada era algo que não se deve pensar, ou pelo menos não se deve suportar, e ela novamente seguiu seu caminho, preferindo andar sob o céu aberto, a ser trancada por um estranho num lugar daqueles.

Não havia andado muito longe quando ouviu a voz de uma mulher sobre um galpão aberto. Aventurou-se a abordá-la, e perguntou se ela sabia onde poderia conseguir um lugar para aquela noite. A mulher respondeu que não sabia, mas que talvez ela pudesse ir para casa com eles e, voltando-se para o "bom homem" dela, perguntou se a estranha poderia dividir a casa com eles por uma noite, no que ele alegremente consentiu. Sojourner achou evidente que ele tinha bebido demais, mas como era civilizado e de boa índole, e ela não se sentia inclinada a passar a noite sozinha ao ar livre, rendeu-se à necessidade de aceitar a hospitalidade deles, como quer que fosse. A mulher logo a informou que havia uma festa, na qual eles gostariam de passar um pouco, antes de irem para casa. Festas não faziam parte da missão de Sojourner, ela não desejava participar, mas sua anfitriã insistiu em pelo menos passar por lá, e ela se viu obrigada a ir com ela, ou abandonar a companhia de uma vez, o que poderia ser pior do que ir junto. Sojourner foi e logo se viu cercada por uma reunião de pessoas, oriundas das escórias da sociedade, ignorantes e degradadas demais para entender, e muito menos receber, uma ideia elevada ou luminosa — era um casebre sujo, desprovido de todo o conforto e onde o vapor do uísque era abundante e poderoso.

A guia de Sojourner estava encantada demais com os atrativos do lugar para querer partir, até que o uso excessivo do álcool gratuito a fez perder a capacidade de fruição e ela se deitou na cama até que pudesse recobrá-las. Sojourner, sentada em um canto, teve tempo para muitas reflexões e absteve-se de censurar, em obediência à recomendação: "não lancei vossas pérolas ...".[43] Quando a noite estava longe, o marido da mulher adormecida despertou a dorminhoca e lembrou-lhe de que ela não havia sido muito educada com a mulher que havia convidado para dormir em sua casa e disse que seria mais apropriado retornarem para o lar. Mais uma vez emergiram no ar puro, o que, para nossa amiga Sojourner, depois de tanto tempo respirando o ar pestilento do salão de baile, foi muito refrescante e grato.

Assim que o dia amanheceu, eles chegaram ao lugar que chamavam de lar. Sojourner viu então que não havia perdido nada em forma de descanso, permanecendo tanto tempo na festa, já que a cabana miserável deles oferecia apenas um estrado para dormir e, mesmo que tivessem outros, ela preferiria ficar sentada a noite toda a ocupar tal lugar. Eles educadamente ofereceram-lhe a cama, se ela desejasse, mas declinando educadamente, esperou a manhã com uma ânsia que nunca havia sentido antes, e nunca esteve tão feliz quando viu que o

---

43    *Mateus 7:6. "Não deis aos cães o que é santo, nem lanceis aos porcos as vossas pérolas, para não acontecer que as calquem aos pés e, voltando-se, vos despedacem."*

dia esparramava sua luz dourada mais uma vez sobre a terra. Ela estava mais uma vez livre e, enquanto durasse a luz do dia, era independente e não precisava de convite para prosseguir em sua jornada. Que esses fatos nos ensinem que nem todos os andarilhos do mundo são vagabundos e que é uma coisa perigosa compelir alguém a aceitar essa hospitalidade dos viciados e abandonados, a hospitalidade que eles deveriam receber de nós. Como podem testemunhar os milhares que já caíram nas armadilhas dos ímpios.

No dia quatro de julho, Isabella chegou em Huntingdon, de lá foi para Cold Springs, onde encontrou o povo fazendo preparativos para o encontro do movimento da temperança.[44] Com sua vivacidade habitual, ela os ajudou nos trabalhos, preparando pratos no estilo de Nova York, para grande satisfação daqueles a quem ajudava. Depois de permanecer em Cold Springs por cerca de três semanas, ela voltou a Huntingdon, onde tomou um barco para Connecticut. Desembarcando em Bridgeport, ela novamente retomou suas viagens para o nordeste, dando algumas palestras e trabalhando um pouco para conseguir pagar tributo a César, como ela dizia e, dessa maneira, chegou à cidade de New Haven, onde encontrou muitas reuniões das quais participou. Em algumas, teve permissão para expressar suas opiniões livremente e sem reservas. Ela também convocou

---

44 *Movimento civil iniciado na década de 1820 nos Estados Unidos para coibir o uso do álcool e combater os efeitos das bebidas, que culminou com a proibição conhecida como Lei Seca (1920-1933).*

reuniões expressamente para ter a oportunidade de ser ouvida e encontrou na cidade muitos verdadeiros amigos de Jesus, como ela julgava, com quem mantinha comunhão de espírito, não tendo preferência por uma ou outra seita, mas estando bem satisfeita com todos que lhe davam evidência de ter conhecido ou amado o Salvador.

Depois de assim prestar seu testemunho nessa agradável cidade, sentindo que ainda não havia encontrado um lugar permanente, foi dali para Bristol, a pedido de uma irmã zelosa que desejava que ela fosse para este lugar e mantivesse uma conversa religiosa com alguns de seus amigos por lá. Ela foi, conforme solicitado, encontrou as pessoas gentis e dispostas religiosamente, e através delas conheceu várias pessoas muito interessantes.

Em Bristol, um irmão de espírito, interessando-se por suas novas visões e opiniões originais, pediu como favor que ela fosse a Hartford, para ver e conversar com os amigos dele. Pronta para realizar qualquer serviço ao Senhor, ela foi a Hartford, como desejado, trazendo na mão o seguinte bilhete desse irmão:

*"IRMÃ, Envio-lhe esta mensageira viva, pois acredito que ela é alguém que Deus ama. A Etiópia[45] está estendendo as mãos para Deus. Você pode ver por essa irmã que Deus, pelo próprio Espírito, ensina a Seus filhos as coisas que hão de vir. Por favor, receba-a e ela lhe dirá*

---

45 *"Etiópia" e "etíopes" eram usados à época, por metonímia, para significar "África" e "africanos".*

*algumas coisas novas. Deixe que ela conte sua história sem interrompê-la e preste muita atenção, e você verá que ela tem a alavanca da verdade, que Deus a ajuda a levantar onde apenas poucos conseguem. Ela não sabe ler nem escrever, mas a lei está em seu coração.*

*Envie-a para o irmão..., ao irmão..., e aonde quer que ela possa fazer o bem.*

*Do seu irmão, H. L. B.*

## ALGUNS DE SEUS PONTOS
## DE VISTA E REFLEXÕES

Assim que Isabella viu Deus como um espírito todo-poderoso e onipresente, ela desejou ouvir tudo o que havia sido escrito sobre Ele e ouviu o relato da criação do mundo e de seus primeiros habitantes, conforme contido no primeiros capítulos do Gênesis, com interesse peculiar. Por algum tempo, entendeu tudo literalmente, embora lhe parecesse estranho que "Deus trabalhasse a cada dia, se cansasse e parasse para descansar", etc. Mas depois de um tempo, começou a raciocinar sobre isso, desta maneira:

"Por que, se Deus trabalha de dia, e o trabalho de um dia o cansa, e Ele é obrigado a descansar, seja por exaustão ou por conta da escuridão, ou se ele esperava pelo 'frio do dia para andar no jardim',[46] porque estava incomodado com o calor do sol, então parece que Deus não

---

46   *Gênesis 3:8.*

pode fazer tanto quanto eu posso, pois posso suportar o sol ao meio-dia e trabalhar vários dias e noites seguidos sem ficar muito cansada. Ou, se Ele descansava à noite por conta da escuridão, é muito estranho que ele tivesse criado a noite tão escura a ponto de não conseguir ver a si mesmo. Se eu fosse Deus, certamente teria feito a noite clara o suficiente para minha conveniência." Mas assim que ela colocou essa ideia de Deus ao lado da impressão que uma vez recebera tão subitamente de sua inconcebível grandeza e de toda a sua espiritualidade, nesse momento exclamou mentalmente: "não, Deus não para para descansar, pois é um espírito e não pode se cansar; não pode necessitar de luz, pois tem toda luz em si mesmo. E se 'Deus é tudo em tudo' e 'trabalha em tudo', como eu os ouvi ler, então é impossível que descanse, pois se o fizesse todas as outras coisas teriam que parar e descansar também; as águas não fluiriam e os peixes não saberiam nadar; e todo movimento cessaria. Deus não pode fazer pausas no seu trabalho, e ele não precisou de Sabat para descansar. O homem pode precisar deles, e deve fazê-los sempre que precisar descansar. No que se refere à adoração a Deus, Ele deveria ser adorado o tempo todo e em todos os lugares; e uma parte do tempo nunca lhe pareceu mais santa do que outra."

Esses pontos de vista, que eram os resultados do funcionamento de sua mente, presentes unicamente pela luz da experiência e de seus conhecimentos muito limitados, foram, por muito tempo, trancados em seu peito, temendo que sua confissão pudesse trazê-la à reputação de "infidelidade"; a acusação preferida por todos os religiosos contra aqueles que nutrem visões e sentimentos religiosos que diferem materialmente dos seus. Se eles se abstêm de gritar "infiel", eles não deixam de ver, sentir e, ah, de dizer que os dissidentes não são do espírito certo e que seus olhos espirituais nunca foram abertos.

Ao viajar para Connecticut, ela conheceu um ministro de Deus com quem manteve uma longa discussão sobre esses pontos, bem como sobre vários outros tópicos, como a origem de todas as coisas, especialmente a origem do mal, ao mesmo tempo expressando sua forte opinião contrária ao ministério pago. Ele pertencia àquela classe e, como é óbvio, defendia fortemente seu lado da questão.

Eu tinha esquecido de mencionar, em seu devido lugar, um fato muito importante, que quando ela estava examinando as Escrituras, ela queria ouvi-las sem comentários, porém, se empregava pessoas adultas para ler para ela e pedia que lessem uma passagem novamente, elas invariavelmente começavam a explicar, dando-lhes a versão delas. Dessa maneira, interferiam excessivamente em seus sentimentos. Em consequência disso, ela deixou de pedir a adultos que lessem a Bíblia para ela e passou a pedir a crianças. Estas, assim que pudessem ler claramente, releriam a mesma frase para ela, quantas vezes ela desejasse, e sem comentários. Dessa maneira, ela foi capaz de ver o que sua mente poderia entender do registro, e isso, ela disse, era o que queria, e não o que os outros achavam que isso significava. Ela queria comparar os ensinamentos da Bíblia com o que havia testemunhado, e chegou à conclusão de que o espírito da verdade falava naqueles escritos, mas quem havia registrado essas verdades tinha misturado com suas ideias e suposições. Essa é uma das muitas provas de sua energia e independência de caráter.

Quando os filhos de Sojourner souberam que ela havia deixado Nova York, ficaram alarmados e cheios de perguntas. "Onde ela poderia ter ido?" e "por que ela havia partido?" eram perguntas que ninguém poderia responder satisfatoriamente. Em suas imaginações, a pintavam como uma maníaca errante e, novamente, temiam que ela tivesse partido para cometer suicídio, e muitas foram as lágrimas que derramaram por sua perda.

Mas quando chegou a Berlin, Connecticut, escreveu-lhes por um amanuense, informando-os sobre seu paradeiro e esperando uma resposta para sua carta, aquietando o receio deles e alegrando seus corações, mais uma vez confiantes na sua vida e no seu amor.

## As doutrinas do segundo advento

Em Hartford e arredores ela se encontrou com várias pessoas que acreditavam nas doutrinas do "Segundo Advento", a aparição pessoal imediata de Jesus Cristo. A princípio ela achava que nunca tinha ouvido falar do "Segundo Advento".[47] Mas quando lhe explicaram, lembrou-se de ter participado da reunião do senhor Miller em Nova York, onde viu muitas imagens enigmáticas penduradas na parede, as quais ela não conseguia entender e que estavam fora do alcance da sua compreensão, e não lhe interessaram. Nessa parte do país, ela participou de duas reuniões campais dos que acreditavam nessas doutrinas; o entusiasmo

---

47   *Na década de 1830, o pastor batista William Miller anunciou a segunda vinda ao mundo do Cristo para 22 de outubro 1844. A data ficou conhecida como "O dia do grande desapontamento" quando verificou-se que Jesus não viera e os seguidores de Miller tiveram que reacomodar seu credo, dando início aos Adventistas do Sétimo Dia.*

com o "Segundo Advento" estava então em seu auge. O último encontro foi em Windsor Lock. Lá, as pessoas, como era de se esperar, indagaram-na ansiosamente sobre sua crença, pois consideravam essa a doutrina mais importante. Ela disse que não havia sido revelada a ela e que, talvez, se ela pudesse ler, pudesse ver de maneira diferente. Às vezes, quando lhe perguntavam ansiosamente: "ah, você não acredita que o Senhor está voltando?", ela respondia: "acredito que o Senhor está tão próximo quanto pode estar, ou não." Com essas respostas evasivas e nada animadoras, ela manteve a mente deles calma e, do mesmo modo, eles respeitavam sua incredulidade até que ela pudesse ter a oportunidade de ouvir suas opiniões razoavelmente, a fim de julgar mais embasadamente esse assunto e ver se, em sua opinião, havia algum bom motivo para esperar um evento que estivesse, assim como estava na mente de tantos, abalando os próprios fundamentos do universo. Ela foi convidada a se juntar a eles em seus exercícios religiosos e aceitou o convite, orando e falando no seu estilo peculiar e atraindo muitos com seus cantos.

Quando ela convenceu as pessoas de que amava Deus e sua causa, e ganhou prestígio entre elas, tanto que conseguiu ser ouvida, tinha quase certeza na sua mente que eles estavam trabalhando sob uma ilusão e começou a usar sua influência para aplacar os temores do povo e acalmar os ânimos. Em certo local, ela encontrou um grande número de pessoas bastante entusiasmadas, subiu em um toco de árvore e gritou: "ouçam! ouçam!" Quando o povo se juntou ao lado dela e como estavam dispostos a ouvir qualquer novidade, ela se dirigiu a eles como "crianças" e perguntou-lhes por que faziam tanta "confusão". "Não lhes disseram para 'vigiar e orar?'. Vocês não estão nem vigiando e nem orando!" E ela pediu com um tom de uma amável mãe, que se recolhessem para suas tendas, e ali vigiassem e orassem, sem barulho ou tumulto, pois o Senhor não chegaria em tal cenário de confusão. "O Senhor, quando chegou, veio calmo e quieto." Ela lhes garantiu: "o Senhor pode vir, passear por todo o acampamento e ir embora novamente, e vocês nunca vão se dar conta" no estado em que estavam.

Eles pareceram contentes em aproveitar qualquer motivo para ficarem menos agitados e angustiados, e muitos deles pararam com o terrível barulho e se retiraram para suas tendas a fim de "vigiar e orar"; pedindo aos outros que fizessem o mesmo e ouvissem os conselhos da boa irmã. Ela sentiu que havia feito algo de bom e depois foi ouvir mais os pregadores. Sentiu que eles pareciam fazer o máximo para agitar e excitar as pessoas, que já estavam muito excitadas; e quando ela permaneceu até não aguentar mais ouvir em silêncio, ergueu-se e se dirigiu aos pregadores. O que se segue, são amostras desse discurso:

"Vocês aqui falando sobre 'mudança num piscar de olhos'. Se o Senhor viesse agora, Ele o mudaria para o nada, porque não há nada em você. Vocês parecem que estão achando que vão para algum salão, em algum lugar, e quando os ímpios estiverem queimados, vocês voltarão para caminhar em triunfo sobre as cinzas deles: é essa a sua Nova Jerusalém! Olha, não consigo ver nada tão bom nisso de voltar a uma confusão como essa, um mundo coberto com as cinzas dos ímpios! Além do mais, se o Senhor voltar e queimar, como vocês dizem que Ele fará, eu não vou embora; eu vou ficar aqui e suportar o fogo, como Sadraque, Mesaque e Abednego![48] E Jesus andará comigo pelo fogo e me protegerá do mal. Nada pertencente a Deus pode queimar, assim como o próprio Deus; este não precisará fugir para escapar do fogo! Não, eu ficarei. Vocês me dizem que os filhos de Deus não aguentam fogo? E seu jeito e seu tom falavam mais alto que as palavras, dizendo: 'é absurdo pensar assim!'"

Os ministros ficaram surpresos com uma opositora tão inesperada, e um deles, da maneira mais gentil possível, iniciou uma discussão com ela, fazendo perguntas e citando as Escrituras, concluindo que, embora ela não tivesse aprendido nada da grande doutrina que ocupava tão exclusivamente as mentes deles, ela havia aprendido muito o que o homem não a havia ensinado.

Nessa reunião, ela recebeu o endereço de várias pessoas, de vários lugares, com um convite para lhes visitar. Prometeu ir logo para Cabotville, e tomou a direção da cidade. Chegou em Springfield às dezoito horas, e começou imediatamente a procurar por uma hospedagem para passar a noite. Andou das seis até às nove, e estava então na estrada de Springfield para Cabotville, sem achar alguém hospitaleiro que lhe desse um teto para passar a noite. Foi então que um homem deu-lhe vinte e cinco centavos, e pediu que fosse a uma

---

48 *Príncipes israelitas que se recusaram a adorar um ídolo babilônico e foram jogados numa fornalha ardente, tendo saído ilesos, segundo o livro de Daniel.*

taberna para passar a noite. Ela assim foi, retornando de manhã para agradecer-lhe, assegurando-o de que ela havia usado o dinheiro legitimamente com esse fim. Ela encontrou muitos amigos que tinha conhecido em Windsor quando alcançou a cidade fabril de Cabotville, e com eles passou uma agradável semana ou mais. Após esse período, ela os deixou para visitar a vila dos shakers[49] em Enfield. Agora, ela começou a pensar em encontrar um lugar para ficar, ao mínimo, por uma temporada, pois tinha feito uma longa jornada, considerando que havia caminhado a maior parte do tempo. Tinha ideia de apreciar os shakers e ver como as coisas eram por lá, e se haveria alguma vaga para ela. Mas no caminho de volta para Springfield, ela passou por uma casa e pediu um pedaço de pão. Seu pedido foi atendido, e ela foi gentilmente convidada a passar uma noite. Já que estava ficando tarde, e ela não seria capaz de ficar em qualquer casa naquela vizinhança, o convite foi alegremente aceito. Quando o dono da casa chegou, lembrou-se de tê-la visto no encontro campal, e repetiu algumas conversas, pela quais ela também lembrou-se dele. Ele logo propôs fazer uma reunião aquela noite, e saiu para notificar os amigos e vizinhos, que vieram, e ela uma vez mais apresentou-se a eles no seu estilo peculiar. Por meio dessa reunião, ela conheceu várias pessoas residentes em Springfield, para cujas casas foi

---

49    *Sojourner referia-se à cidade ou comunidade espiritual dos shakers, seita religiosa criada no século 18, na Inglaterra, de uma ramificação dos quakers. Eram conhecidos como "shacking quakers" (quakers chacoalhantes) por causa do comportamento frenético nos cultos.*

cordialmente convidada e com quem passou algum tempo agradável.

Uma dessas amigas, escrevendo sobre sua chegada por lá, contou o que se segue. Depois de dizer que ela e seu povo pertenciam àquela classe de pessoas que acreditavam nas doutrinas do "Segundo Advento" e que essa classe, acreditando também na liberdade de expressão e ação, encontrou frequentemente em suas reuniões muitos outros indivíduos singulares, que não concordavam com eles em sua doutrina principal e que, estando assim preparados para ouvir coisas novas e estranhas, "eles ouviram Sojourner de bom grado e absorveram tudo o que ela disse". E também que Sojourner logo se tornou a favorita entre eles, e quando ela se levantava para falar em suas assembleias, sua figura dominante e sua maneira digna faziam calar a todos, e seus modos de expressão singulares e às vezes rudes nunca provocavam uma risada, mas muitas vezes faziam toda a plateia verter-se em lágrimas por suas histórias comoventes. Ela também acrescentou: "muitas foram as lições de sabedoria e fé que tive o prazer de aprender com Sojourner." Ela continuou a ser uma das grandes favoritas em nossas reuniões, tanto por seu notável dom de oração, quanto por seu talento ainda mais notável para cantar e a aptidão e o sentido de suas observações, frequentemente ilustradas por figuras das mais originais e expressivas. Quando estávamos caminhando no outro dia, ela disse que sempre pensara que mundo lindo seria se víssemos tudo pelo lado certo. 'Agora, vemos tudo de cabeça para baixo, e tudo é confusão'. Para uma pessoa que nada sabe sobre esse fato na ciência da ótica, essa parecia uma ideia bastante notável. Também a amávamos por sua piedade sincera e ardente, sua fé inabalável em Deus e seu desprezo pelo que o mundo chama de moda e pelo que chamamos de loucura."

Ela estava em busca de um lugar tranquilo, onde um viajante desgastado pudesse descansar e ouviu falar de Fruitlands[50] e estava inclinada a ir para lá, mas os amigos que encontrou aqui acharam melhor visitar Northampton. Passou seu tempo, enquanto estava conosco, trabalhando onde quer que seu trabalho fosse necessário e falando quando não houvesse trabalho a fazer."

"Sojourner não recebia dinheiro por seu trabalho, dizendo que trabalhava para o Senhor e se suas necessidades eram supridas, ela as tomava como provenientes do Senhor."

"Ela permaneceu conosco até o inverno, quando a apresentamos na Associação Northampton... Desse lugar, ela escreveu para mim, dizendo que havia encontrado o local tranquilo de descanso que tanto desejava. E permanece lá desde então."

---

50    *Comunidade transcendentalista utópica em Massachusets, fundada por Charles Lane e Amos Bronson Alcott, este pai da escritora Louise May Alcott.*

## Outra reunião campal

Quando Sojourner já estava em Northampton por alguns meses, participou de outra reunião campal, na qual desempenhou um papel muito importante.

Um grupo de jovens rebeldes, sem nenhum motivo a não ser o de divertir-se irritando e ferindo os sentimentos dos outros, invadiu a reunião, vaiando e berrando, e de várias maneiras interrompendo os serviços e causando muitos distúrbios. Os responsáveis pela reunião, depois de tentarem em vão persuadi-los, ficaram impacientes e os ameaçaram.

Os jovens, considerando-se insultados, reuniram seus amigos, no número de cem ou mais, dispersaram-se pelo terreno, fazendo os barulhos mais assustadores e ameaçando incendiar as tendas. As autoridades da reunião reuniram-se, decidiram prender os líderes da confusão e mandar chamar a polícia, para grande desgosto de algumas pessoas, que se opunham a esse apelo à força e às armas. Seja como for, Sojourner, vendo uma grande consternação retratada em cada rosto, deixou-se contagiar pela situação e, antes que ela se desse conta, viu-se tremendo de medo.

Sob o impulso dessa emoção repentina, ela fugiu para o canto mais retirado de uma tenda e se escondeu atrás de um baú, dizendo para si mesma: "eu sou a única pessoa de cor aqui, provavelmente, será em mim que os maldosos irão cair primeiro, e talvez fatalmente." Mas sentindo o quão grande era sua insegurança, mesmo lá, quando a própria estrutura da tenda começou a tremer, ela começou um solilóquio da seguinte maneira:

"Devo fugir e me esconder do diabo? Eu, serva do Deus vivo? Não tenho fé suficiente para sair e subjugar aquela turba, quando sei que está escrito: 'um só pode perseguir mil, e dois fizessem fugir dez mil'?[51] Eu sei que não há mil aqui e sei que sou uma serva do Deus vivo. Eu irei em socorro, e o Senhor irá comigo e me protegerá."

"Ó", disse ela, "senti como se tivesse três corações! e que eles eram tão grandes que meu corpo mal podia contê-los!"

Sojourner saiu de seu esconderijo e convidou vários para ir com ela e ver o que eles poderiam fazer para aplacar a fúria daqueles sujeitos. Eles se recusaram e a consideraram louca por pensar nisso.

A reunião era em campo aberto, a lua cheia lançava uma luz triste sobre todos, e a mulher que deveria falar com eles naquela noite estava tremendo no púlpito. O barulho e a confusão eram agora espantosos. Sojourner

---

51  *Deuteronômio 32:30.*

deixou a tenda sozinha e sem ajuda, e andando quinhentos pés até o topo de uma pequena elevação, começou a cantar, da maneira mais fervorosa, com toda a força de sua voz mais poderosa, o hino da ressurreição de Cristo.

*Era bem no raiar do dia,*
*Era bem no raiar do dia,*
*Quando Ele ergueu-se, ergueu-se*
*Subiu aos céus em uma nuvem.*

Quem quer que já tenha escutado ela cantar esse hino, vai se lembrar por toda a vida. O hino, a melodia, o estilo estão intimamente associados a ela e, quando cantados em um de seus estados de espírito mais animados, ao ar livre, com a última força de sua voz mais potente, é realmente de arrepiar.

Assim que ela começou a cantar, os jovens correram na sua direção e ela foi imediatamente rodeada por um corpo denso de agitadores, muitos deles armados com paus ou bastões como armas de defesa ou de ataque. Assim que a roda se fechou em torno dela, ela parou de cantar, e depois de uma breve pausa, perguntou-lhes numa voz gentil, mas firme. "Por que vocês vêm sobre mim com paus e bastões? Eu não estou fazendo mal a ninguém." "Nós não iremos machucá-la, velha; nós viemos ouvi-la cantar", soaram muitas vozes, simultaneamente. "Cante para nós, velha", bradou um. "Fale para nós, velha", disse outro. "Ore, velha", disse um terceiro. "Conte-nos sua experiência", disse um quarto. "Você estão tão em cima de mim e fumando que eu não posso cantar ou falar", ela respondeu.

"Para trás", disseram várias vozes num tom autoritário, sem os acompanhamentos mais gentis ou corteses, levantando suas armas rudes no ar. A multidão de repente retrocedeu, a roda se abriu, assim como muitas vozes pediram-lhe que cantasse, conversasse ou orasse, apoiada por garantias de que ninguém deveria machucá-la. Eles declararam num juramento, que "derrubariam" qualquer pessoa que lhe oferecesse o mínimo de indignidade.

Ela olhou em volta, e com seu discernimento habitual, disse a si mesma: "deve haver muitos homens jovens nesse grupo, que trazem um coração suscetível de uma boa impressão. Vou falar a eles". Ela falou. Eles ouviram em silêncio e, civilizadamente, lhe fizeram muitas perguntas. Pareceu a ela que era a hora de responder a eles com uma verdade e uma sabedoria que ia além de si mesma. O discurso tinha agido sobre as paixões inflamadas da multidão como óleo em águas agitadas. O grupo todo estava inteiramente subjugado, e apenas fizeram barulho quando ela parou de falar ou cantar. Aqueles que estavam em pé atrás, depois que a roda se abriu, gritaram: "cante alto, velha, não podemos ouvir." Aqueles que detinham o cetro do poder pediram que ela fizesse de uma carroça, que estava por lá, um púlpito. Ela disse: "se eu subir, eles vão derrubá-la." "Não, eles não vão, quem se atrever a machucá-la, vamos derrubá-lo instantaneamente, malditos sejam", gritaram os chefes. "Não, não vamos, não vamos, ninguém deve machucá-la", responderam as muitas vozes da multidão. Eles gentilmente a ajudaram a subir na carroça, de onde ela falou e cantou para eles cerca de uma hora. De tudo o que disse a eles na ocasião, ela se lembra apenas do seguinte:

"Bem, existem duas congregações nessa terra. Está escrito que deve haver uma separação, e a ovelha deve ser separada das cabras. Os outros pregadores têm a ovelha, eu tenho as cabras. E eu tenho umas poucas ovelhas entre as cabras, mas elas são muito rudes." Essa exortação produziu grande gargalhada. Quando se cansou de falar, começou a pensar em alguma maneira que os induzisse a se dispersar. Enquanto ela fazia uma pausa, eles bradavam em voz alta por "mais", "mais", "cante", "cante mais". Ela fez um gesto para que ficassem quietos e os chamou: "filhos, falei e cantei para vocês, como me pediram; e agora tenho um pedido para fazer a vocês; vocês vão me conceder?" "Sim, sim, sim", ressoava de cada lado. "Bem, é isso", ela continuou; "se eu cantar mais um hino para vocês, irão embora e nos deixarão esta noite em paz?" "Sim, sim", veio fracamente, de alguns. "Repito", diz Sojourner, "e quero uma resposta de todos vocês, por unanimidade. Se eu cantar mais uma vez, vocês irão embora e nos deixarão esta noite em paz?" "Sim, sim, sim", gritaram muitas vozes, com forte ênfase. "Repito meu pedido mais uma vez", disse ela, "e quero que todos vocês respondam". E reiterou as palavras.

Desta vez, um longo e alto "sim, sim, sim" surgiu da multidão. "AMÉM! Está selado", repetiu Sojourner, nos tons mais profundos e mais solenes de sua voz poderosa e sonora. Seu efeito atravessou a multidão, como um choque elétrico, e a maioria deles se considerava comprometida por sua promessa, enquanto poderia ter falhado sob circunstâncias menos imponentes. Alguns deles começaram a sair instantaneamente; outros disseram: "não podemos ouvir mais um hino?" "Sim", respondeu a cantora, e ela começou a cantar:

*Eu abençoo o Senhor, tenho meu selo neste dia.*
*Matar Golias no campo, neste dia e neste dia.*
*O bom e velho caminho é um caminho justo.*
*Eu pretendo tomar o reino de um jeito justo e correto.*

Enquanto cantava, ouviu alguns exigindo obediência à promessa, enquanto outros pareciam se recusar a cumpri-la. Porém, antes de terminar, ela os viu se afastando e, no decorrer de alguns minutos, estavam correndo o mais rápido que podiam em um grupo fechado. Ela diz que não pode comparar com nada além de um enxame de abelhas, tão denso era o grupo deles, tão reto o curso que tomavam, tão apressada a marcha. Ao passarem apressados, muito perto dos outros pregadores, os corações das pessoas ficaram tomados de medo, pensando que a cantora havia deixado de prendê-los por mais tempo com seu feitiço, e que eles estavam vindo com redobrada fúria indômita. Mas eles descobriram que estavam enganados e que seus medos eram infundados, pois antes que eles pudessem se recuperar da surpresa, todos os desordeiros se foram, e nenhum deles permaneceu no local ou foi visto lá novamente durante a reunião. Sojourner foi informada de que quando seu público chegou à estrada principal, a alguma distância das tendas, alguns dos espíritos rebeldes se recusaram a continuar e propuseram o retorno, mas seus líderes disseram: "não, prometemos partir, todos prometeram, e devemos ir, todos vamos, e nenhum de vocês deve voltar."

Ela não se apaixonou à primeira vista pela Associação de Northampton,[52] pois chegou lá em um momento em que as aparências não correspondiam às ideias dos associacionistas, assim como estavam espalhadas em seus escritos. O quartel general deles era um moinho, e a eles faltavam recursos para levar adiante suas ideias de beleza e elegância, que fariam em outras circunstâncias. Mas ela pensou que deveria fazer um esforço para insistir mais uma noite com eles, embora isso não lhe parecesse desejável. Mas assim que viu que pessoas talentosas, literárias e refinadas estavam vivendo dessa maneira natural e simples, e submetendo trabalhos e privações a uma instituição que estava nascendo, ela disse: "bem, se eles podem morar aqui, eu posso." Depois, ela gradualmente ficou satisfeita e se apegou ao local e às pessoas, assim como pôde; pois não deve ter sido pouca coisa ter encontrado um lar em uma "comunidade composta por alguns dos espíritos mais seletos da época", onde tudo era caracterizado por uma igualdade de sentimentos, uma liberdade de pensamento e discurso e uma amplidão da alma, o que ela nunca

---

52  *Northampton Association of Education and Industry, comunidade abolicionista fundada em Massachusetts. A "comunidade" vivia sob princípios de igualdade e atraía lideranças do movimento abolicionista. Também serviu como uma estação da "Ferrovia subterrânea" que ajudava negros a fugirem do sul escravocrata.*

poderia ter encontrado antes, com a mesma extensão, em nenhuma de suas andanças.

Esta que vos escreve tomou conhecimento de Sojourner a partir uma amiga que havia residido por um tempo na "comunidade" e que, depois de descrevê-la e cantar um de seus hinos, desejava que eu fosse vê-la. Mal sabia eu, naquele momento, que viria a escrever esses "simples anais" dessa filha da natureza.

Quando a vimos pela primeira vez, ela estava trabalhando com boa vontade, dizendo que não seria convencida a receber salários regulares, acreditando, como antes, que agora a Providência lhe proporcionaria uma fonte inesgotável, da qual todas as suas necessidades seriam atendidas perpetuamente ao longo de sua vida mortal. Isso, ela havia calculado rápido demais. Pois os associacionistas descobriram que, fazendo as contas, seria mais eficiente cada um agir individualmente; e, novamente, Sojourner viu seus sonhos desfeitos, e só pôde contar com os próprios recursos para suprir suas necessidades. Isso era ainda mais inconveniente na altura da vida em que estava, pois a labuta, a exposição aos elementos e as durezas haviam causado incidentes tristes sobre sua constituição de ferro, ao induzir doenças crônicas e velhice prematura. Se ela não tivesse permanecido à sombra daquele[53], que nunca se cansa em fazer o bem, dando aos carentes e atendendo as necessidades dos destituídos. Agora, ela está decidida a ter

---

53 George Benson, empresário abolicionista que também residia na comunidade. Quando a Associação foi dissolvida, ele acolheu Sojourner em sua casa.

o próprio lar, mesmo nesta hora tardia da vida, onde poderá sentir uma liberdade maior do que na casa de outro, e onde poderá descansar um pouco, depois dos seus dias de luta. E, para esse "lar", ela agora depende das instituições de caridade dos benevolentes, a quem apelamos com confiança.

Através de todas as cenas de sua vida atribulada, pode-se traçar a energia de uma mente naturalmente poderosa, o destemor e a simplicidade infantil de alguém limitado pela educação ou pelos costumes convencionais, pela pureza de caráter, por uma aderência inabalável aos princípios e um entusiasmo nato, que, em diferentes circunstâncias, poderia facilmente ter produzido outra Joana d'Arc.

Com todo o seu fervor, entusiasmo e especulação, sua religião não é maculada nem um pouco com melancolia. Nenhuma dúvida, nenhuma hesitação, nenhum desânimo obnubilam sua alma; tudo é brilhante, claro, afirmativo e, às vezes, extático. Sua confiança está em Deus, e dele ela procura o bem, e não o mal. Ela sente que "o amor perfeito expulsa o medo".[54]

Tendo mais de uma vez caído em ilusões mortificantes, como no caso do reino de Sing Sing, e decidida a não ser iludida novamente, ela pôs a suspeita para guardar as portas do seu coração, mas ainda fica perturbada por certos casos ligeiros, em certos assuntos, sua imaginação vívida ajudando a amplificar os fantasmas de seus medos em proporções gigantescas, muito além do

---

54    1 João 4:18.

tamanho real, em vez de seguir resolutamente a regra de que todos mais gostamos, quando ela deve ser aplicada a nós mesmos, a de colocar tudo o que vemos na conta do melhor motivo possível, até que o tempo e as circunstâncias provem que estávamos errados. Quando nem bom motivo puder ser atribuído, talvez devamos suspender nosso julgamento até que se apresentem as evidências.

Na aplicação dessa regra, é um dever indiscutível exercer uma prudência recomendável, recusando-se a depositar qualquer confiança na manutenção de pessoas que possam ser estranhas para nós e cuja confiabilidade nunca verificamos. Mas nada de bom pode advir e, ao contrário, pode-se atrair um mal incalculável, quando se atribui a qualquer conduta cuja fonte não compreendemos, a pior das intenções. E quantas vezes uma alma tímida e gentil é levada ao desânimo ao descobrir que "o que é bom para si torna-se objeto de maledicência";[55] e uma ação bem-intencionada, mas equivocada, carregada de um propósito maligno!

Se o mundo apenas se dedicasse a mudar em relação a isso, quem poderia calcular a transformação que acarretaria — o mal que ele aniquilaria e a felicidade que conferiria! Ninguém, a não ser um olho que tudo vê, poderia abraçar um resultado tão vasto. Um resultado tão desejável, e que só pode ser alcançado pelo processo mais simples — o de cada indivíduo cuidando para que ele próprio não cometa esse pecado, pois por que deve-

---

55 *Romanos 14:16.*

mos permitir em nós mesmos a própria falha que mais detestamos, quando cometida contra nós? Não devemos ao menos buscar a consistência?

Se ela não se autossacrificasse tão generosamente, e tivesse mais conhecimento do mundo e das coisas como são, e ainda não tomasse por certo que os outros são como ela, e não tivesse sempre pensado que "mais bem-aventurada coisa é dar do que receber",[56] ela poderia ter preparado algo para seu futuro. Talvez poucos tenham tido o poder e a inclinação, no mesmo grau, ao mesmo tempo, para trabalhar como ela, dia e noite, por tanto tempo. E se essas energias tivessem sido bem direcionadas e os rendimentos bem geridos, uma vez que ela era sua própria senhora, eles teriam lhe dado independência durante o resto de sua vida terrena. Mas seus preceitos constitucionais e seu treinamento inicial, ou melhor, a falta de treinamento, impediram esse resultado e agora é tarde demais para remediar o grande erro. Ela será abandonada às suas necessidades? Quem aí não irá responder "não"?

---

56  *Atos 20:35.*

## O ÚLTIMO ENCONTRO COM SEU SENHOR

Na primavera de 1849, Sojourner fez uma visita a sua filha mais velha, Diana, que sempre tinha sofrido de má saúde, e permaneceu com senhor Dumont, o senhor mais "humano" de Isabella. Ela o encontrou ainda vivo, apesar da idade avançada, e com o patrimônio reduzido (já fazia alguns anos), mas muito esclarecido sobre o assunto da escravidão. Ele disse que agora conseguia ver que a "escravidão era a pior coisa do mundo, a maior maldição que a terra já havia sentido."; que isso que agora era então muito claro em sua mente, ainda que, quando era um proprietário de escravos, ele não tivesse encarado dessa maneira, e pensava que era um direito seu, assim como o de possuir qualquer outra propriedade." Sojourner comentou que poderia se passar o mesmo com aqueles que agora são proprietários de escravos. "Ah, não", respondeu ele com carinho, "não pode ser. Agora o pecado da escravidão está tão claramente escrito e muito discutido (o mundo inteiro clama contra isso!) que se alguém disser que não sabe e não ouviu será considerado mentiroso. Nos meus dias de posse de escravos havia poucos que se manifestavam contra e esses poucos não conseguiam influenciar ninguém. Se fosse como é agora, acha que eu poderia ter mantido escravos? Não! Sei que não ousaria fazê-lo, mas o que deveria era ter alforriado cada um deles. Agora, é muito diferente; todos podem ouvir se quiserem".

Sim, leitor, se alguém acha que o toque de alarme, ou a trombeta antiescravidão, deveria soar mais alto para que pudessem ouvi-la, esse alguém deve ter a audição muito, muito ruim. Sim, esses devem pertencer àquela classe de pessoas que "taparam os ouvidos, para que não ouvissem."

Ela recebeu uma carta da filha Diana, enviada de Hyde Park, em 19 de dezembro de 1849, informando que o senhor Dumont havia "partido para o oeste" com alguns de seus e que ele levara, provavelmente por engano, os poucos artigos de mobília que ela havia deixado com ele. "Não importa", diz Sojourner, "o que damos aos pobres, emprestamos ao Senhor". Ela agradeceu ao Senhor com fervor por ter vivido para ouvir seu senhor dizer coisas abençoadas! Lembrou-se das palestras que ele costumava dar aos escravos, falando a verdade, sendo honesto e rindo. Ela diz que ele os ensinou a não mentir e roubar, quando ele estava roubando o tempo todo, e não sabia disso! "Ah! Quão doce para mim foi essa confissão! E que confissão para um senhor fazer a um escravo! Um dono de escravos converteu-se num irmão! Pobre velho, que o Senhor o abençoe, e que todos os senhores de escravos compartilhem de seu espírito!

# CRONOLOGIA

**1797** Provável ano de nascimento. Seus pais foram James Bomefree (ou Baumfree) e Betsey ("Mau-mau Bett", como ela costumava chamá-la), tendo nascido na casa do coronel Joahnnes Ardinburgh (ou Hardenbergh), em Hurley, Ulster, Nova York, cento e quarenta quilômetros ao norte da cidade de Nova York, área povoada por neerlandeses. Sua língua materna foi o holandês

**1802** Morte do senhor Ardinburgh. Todas as propriedades, incluindo os escravos e Isabella, pais e irmãos passam para as mãos do filho, senhor Charles Ardinburgh.

**1806** Morte do senhor Charles Ardinburgh. Isabella é vendida em um leilão de escravos e comprada por John Neelys (ou Nealy) pela quantia de cem dólares.

**1807** Morte da mãe de Isabella, Mau-mau Bett.

**1808** Aos 11 anos, vendida por cento e cinco dólares a Martinus Schryver, de Port Even, com quem permaneceu por 18 meses.

**1810** Vendida ao senhor John Dumont.

**1815** Conhece Robert, com quem inicia uma relação. Por visitar Isabella, Robert foi espancado e proibido por seu dono, que o obrigou a casar-se com outra escrava de sua propriedade.

**1817** Casa-se com Thomas, com quem, supõe-se, tem cinco filhos: Diana, Thomas, Peter, Elizabeth e Sofia.

**1826** Diante da recusa do senhor Dumont em cumprir a promessa de libertá-la um ano antes da data definida para a abolição da escravatura em Nova York, Isabella foge com a filha mais nova, indo residir com a família Van Wagener. O senhor Van Wagener paga ao senhor Dumont vinte dólares, como compensação pelo ano remanescente de escravidão, e assim Isabella torna-se, tecnicamente, propriedade do senhor Van Wagener, assumindo esse sobrenome.

No mesmo ano, inicia uma disputa judicial para reaver o filho, Peter, que havia sido vendido pelo senhor Dumont e enviado para o Alabama.

**1827** Finalmente considerada livre pela lei em 4 de julho de 1827, exatos 51 anos depois que a Declaração da

Independência Americana proclamou que "todos os homens são criados iguais, e foram agraciados pelo Criador com certos direitos inalienáveis, entre os quais a vida, a liberdade e a busca pela felicidade". Uma lei de 1799 previa liberdade para todos os escravos que nascessem depois de julho daquele ano. Como Sojourner nasceu provavelmente em 1797, ficou de fora desse grupo. Outra lei, de 1817, previa a alforria gradual dos remanescentes por dez anos. A abolição da escravatura em nível federal só se daria em 1863, com a Proclamação 95, assinada por Lincoln, mas a libertação dos escravos foi negada pelos estados confederados ao sul, cuja economia era baseada na agricultura e na escravatura, até que fossem derrotados na Guerra Civil Americana, em 1865, quando enfim 4 milhões de americanos escravizados obtiveram a liberdade.

**1828** É a primeira mulher negra a processar e a vencer na justiça, um homem branco, obrigando-o a pagar multa por levar seu filho para fora do estado de Nova York.

**1832** Envolve-se, por influência de seu patrão Elijah Pearson, com o culto messiânico de Robert "Mathias" Matthews em Sing Sing, estado de Nova York. Pearson morre e outro membro do culto, Benjamin Folger, que havia perdido sua fortuna com as extravagâncias do falso profeta, acusou "Matthias" e Sojourner de terem o terem envenenado. Sojourner levou-o Folger à Justiça por difamação e ganhou a causa, recebendo 125 dólares.

1843 Repudia o nome de escravizada e o sobrenome que havia recebido do último dono e passa a se chamar Sojourner ("Peregrina") Truth ("Verdade"), após se convencer que Deus a havia comandado a deixar a cidade e ir dar "testemunho da esperança que nela havia".

1844 Ingressa na Northampton Association of Education and Industry, Massachusetts, onde conhece figuras importantes do abolicionismo, incluindo sua vizinha Olive Gilbert, que a auxiliou a escrever e publicar sua narrativa.

1850 Publicação do livro *Narrativa de Sojourner Truth: uma escrava nortista*, ditado para Olive Gilbert. O livro a torna conhecida pelo grande público.

1851 Participa da Convenção das Mulheres de Ohio, onde profere o famoso discurso "Ain't I a Woman?", exigindo direitos iguais para mulheres e também para os descendentes de africanos.

1857 Vende todas as suas posses e muda-se para Michigan, trabalhando com os abolicionistas e reencontrando os religiosos do movimento Milerita, que estavam para fundar a Igreja Adventista do Sétimo Dia. Até 1867 viveu na Vila Harmonia, uma comunidade utópica espiritual.

**1864** Durante a Guerra Civil (que terminaria em 1865), ajudou a recrutar soldados negros para o exército da União. Foi empregada na Associação Nacional para Alívio dos Libertos, em Washington. Em outubro encontrou-se com o presidente Abraham Lincoln.

**1865** Enquanto trabalha no hospital dos libertos, Sojourner andava de bonde, o que era proibido para "pessoas de cor", para forçar a dessegregação.

**1870** Fez campanha para que o governo distribuísse terras para os ex-escravizados, sem sucesso. Encontrou-se com o presidente Ulysses S. Grant na Casa Branca.

**1872** Mudou-se de volta a Battle Creek, promoveu a reeleição de Grant e até tentou votar, mas foi impedida de entrar na cabine de votação.

**1883** Sojourner Truth faleceu em 26 de novembro, com estimados 84 anos, em Battle Creek, Michigan.

**2009** O busto memorial de Truth foi inaugurado no Emancipation Hall no centro de visitantes do Capitólio, em Washington. Ela foi a primeira pessoa de ascendência africana a ter uma efígie no prédio do Congresso dos Estados Unidos.

Editora    Carla Cardoso
Tradução   Carla Cardoso e Julio Silveira
Revisão    Fernanda Silveira

Dados Internacionais de Catalogação na Publicação (CIP)
(Câmara Brasileira do Livro, SP, Brasil)

Truth, Sojourner [Isabella Van Wagener] (1799?-1883)

E eu não sou uma mulher? : a narrativa de Sojourner Truth / contada a Olive Gilbert [tradução Carla Cardoso, Julio Silveira] — Rio de Janeiro : Ímã editorial : Meia Azul 2020, 216 p; 21 cm.

Título original : The narrative of Sojourner Truth

ISBN   978-65-86419-02-3

1. Abolicionistas - Estados Unidos - Biografia
2. Abolicionistas afro-americano - Biografia
3. Escravos - Estados Unidos - Biografia
4. Reformadoras sociais - Estados Unidos - Biografia
5. Truth, Sojourner, 1799-1883 I. Gilbert, Olive.
II. Título.

20-38692            CDD 973.7115092

Índices para catálogo sistemático:
1. Estados Unidos : Escravos : Biografia 973.7115092
Cibele Maria Dias - Bibliotecária - CRB-8/9427

**Impressão e Acabamento | Gráfica Viena**
Todo papel desta obra possui certificação FSC® do fabricante.
Produzido conforme melhores práticas de gestão ambiental (ISO 14001)
www.graficaviena.com.br